健康経営は職場に どのような効果を もたらすのか

橋村 政哉［著］

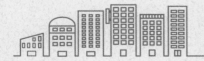

現代図書

目　次

序　章 1
　　第1節　本書の問題意識 2
　　第2節　本書のアプローチ 5
　　第3節　本書の構成 6

第1章　健康経営とは何か──その概念をつかむ 9
　　第1節　アメリカにおける源流：「ヘルシー・カンパニー」 10
　　　　ロバート・ローゼンによるヘルシー・カンパニー概念 10
　　第2節　日本における源流：「健康経営®」 13
　　　　岡田邦夫氏の健康経営論 13
　　　　実践研究会の開催 17
　　　　コラム1 18
　　第3節　投資対効果を本質とする健康経営 20
　　　　健康管理との違い 20
　　　　健康経営の効果に関する先行研究 20
　　第4節　第1章のまとめ 24

第2章　近年における健康経営の政策的展開と広がりの状況 27
　　第1節　健康経営の政策的展開 28
　　　　政策が加速した2010年代 28
　　　　コラム2 34
　　第2節　健康経営の広がりの状況 34
　　　　健康経営銘柄の選定および健康経営優良法人認定の仕組み 34
　　　　健康経営銘柄の選定および健康経営優良法人の認定状況 38
　　第3節　現在の課題 41
　　　　より多くの法人が参加するために必要なこと 41
　　　　コラム3 43
　　補論　保険者および自治体による健康経営推進の仕組み 45
　　　　☆協会けんぽ広島支部による健康経営推進事例 45
　　　　☆広島県による健康経営推進の仕組み 51

第3章　健康経営の実践が職場で求められる背景 ... 53
第1節　労働課題への対応 ... 54
働き方改革 ... 54
低位の労働生産性 ... 55
長い労働時間 ... 56
病気の治療をしながら働く人への対応 ... 60
働く人のメンタルヘルス ... 61
第2節　働く人の健康の可視化 ... 66
欠勤（休職）や離職を防ぐことの重要性 ... 66
働く人に能力を発揮してもらうことの重要性 ... 67
ワーク・エンゲイジメントと従業員エンゲージメントへの注目の高まり ... 69
第3節　投資判断材料としての働く人の健康 ... 72
CSR経営と働く人の健康 ... 72
ESG投資普及の背景 ... 73
人的資本の情報開示への流れ ... 74
コラム4 ... 75
第4節　第3章のまとめ ... 76

第4章　健康経営の先進的な実践内容とその効果 ... 79
第1節　既存の健康経営の事例研究をみる ... 80
☆SCSK株式会社の健康経営の魅力（SCSK株式会社の事例） ... 80
☆健康経営は健康増進とともに企業価値・ブランド向上につながりうる
（サンスター日本法人各社の事例） ... 83
健康経営の実践内容を研究するにあたっての課題 ... 85
第2節　大規模企業の健康経営の事例 ... 86
☆大阪ガス株式会社の健康経営の実践内容 ... 86
☆花王株式会社の健康経営の実践内容 ... 89
第3節　中小規模企業の健康経営の事例 ... 93
☆株式会社オガワエコノスの健康経営の実践内容 ... 94
☆ベンダ工業株式会社の健康経営の実践内容 ... 95
☆株式会社マエダハウジングの健康経営の実践内容 ... 98
第4節　医療法人および社会福祉法人の健康経営の事例 ... 100

　　　　☆特定医療法人財団博愛会の健康経営の実践内容..100
　　　　☆社会福祉法人アンダンテの健康経営の実践内容..103
　　第5節　健康経営が職場にもたらす効果とは..105
　　　　コラム5 107

第5章　健康経営のこれから..109
　　第1節　働く人の幸せを叶えるCSR経営の一環となるために..110
　　　　WHO憲章による健康の定義..110
　　　　PERMA指標..111
　　　　コラム6 112
　　第2節　健康増進機能を含む人的資源管理へ向けて..112
　　　　働く人が健康な状態で能力が発揮できる働き方の実現のために...............................112
　　　　多様な働く人への対応の必要性..114
　　第3節　仕事と暮らしの充実に向けて..115
　　　　ワーク・ライフ・バランス..115
　　　　ワークライフ・インテグレーション..117
　　　　ワークライフ・インテグレーションの期待効果は侮れない......................................119
　　　　コラム7 121
　　　　年齢を重ねても働き続けて、社会交流を楽しむために..121
　　　　医療や介護に困らないようにするために..123

終　章..127
　　第1節　本書のまとめ..128
　　第2節　むすびにかえて..130

あとがき..133

初出一覧..136
主要参考文献一覧..137
英語略称一覧..140
図・表一覧..141
索　引..143

序　章

第 1 節　本書の問題意識
第 2 節　本書のアプローチ
第 3 節　本書の構成

序章

第 1 節　本書の問題意識

　今日、人々の「健康」が注目されています。それはなぜなのでしょうか。大きく次の 3 つの要因が考えられます。

　1 つ目には、日本で少子高齢化が進行してきたことです。現在、出生数が減少しています。このことが続けば、現役世代の人口の割合が低下します。そうであるがゆえ、現役世代の人々が健康に生活し、働くことはとても重要です。少子化の傾向とは反対に、総人口のうち 65 歳以上の人口が占める割合である高齢化率が年々高まってきています。内閣府によれば、2022 年の日本の高齢化率が 29.0％であることが示されています[1]。日本の人口の 3 人に 1 人が高齢者となりつつあります。現在はそれだけ人々が長く生きる時代であり、人生のうち不健康な期間を少なくすることがまた、重要になっています。

　2 つ目には、医療費、介護費の高まりです。医療費については、日本全体において治療で医療機関に支払われた保険料、税金、自己負担分の合計金額を表す国民医療費がこの 30 年間で 2 倍に膨れ上がっています。厚生労働省の発表によると、1990 年には約 20 兆円でしたが、2000 年に約 30 兆円になり、2013 年に 40 兆円に達して以降今日まで、毎年 40 兆円台を推移しています。2021 年には過去最高の 45 兆円に達しました（詳細については本書第 5 章を参照してください）。介護費については、日本では 2000 年に介護保険制度が開始しました。厚生労働省の発表によると、2021 年の介護費は 11 兆円を超えています（詳細については

---

1) 内閣府（2023）『令和 5 年版高齢社会白書』2 ページ。

本書第5章を参照してください）。このように国民医療費や介護費は高齢社会になるにつれて増大してきましたが、それは将来を踏まえて国民全体の健康を考えることの引き金にもなっています。

　3つ目には、現役世代の人々の健康問題の顕在化です。現代はストレス社会と言われます。強いストレスを感じながら仕事をしている人は少なくありません。ストレスは精神的なダメージ、すなわち精神障害につながりやすいものです。最悪の場合には過労死・過労自殺に至るケースさえあります。2014年に過労死等防止対策推進法が制定されました。仕事によって命を落とすことを防ぐ社会になっていけるかが問われています。2015年からは職場でストレスチェックが行われるようになり、メンタルヘルス対策が重要視されています。また、病気を治療しながら仕事をしている人も一定の割合存在します。実に、仕事をしている3割ほどの人がそうであるため、2010年代に検討された政府による「働き方改革」では、「病気の治療と仕事の両立」が改革の1つに掲げられました（詳細については本書第3章を参照してください）。日本では、企業で働く従業員の平均年齢が40歳を超えてきています[2]。それだけ、健康課題と向き合う年代の人が働く人の中に多くいるということなのです。

　こうしてみると健康とは、成人の人生ととても関わりの大きな内容であることがわかります。そこで近年、国民の健康寿命の延伸に向けた取り組みの1つである「健康経営」が産業界において認識されるようになり、職場でその実践が広がりをみせています。しかしなぜ、健康管理ではなく健康経営なのでしょうか。それは、単に病気などのリスクを予防することが目的ではなく、職場において働く人々の健康と生産性の双方に課題があるからです。そのため組織的に健康施策を行って、働く人々の健康増進、ひいては生産性の向上につなげられるようにという考え方が普及してきているのです。

　政府は2010年代に入ってから、国民の健康寿命の延伸を政策として位置づけています。企業は、企業として働く人々の健康増進を経営戦略に位置づけるよう

---

[2] 例えば、東京商工リサーチによる2020年3月期決算上場企業1,792社の従業員平均年齢調査では41.4歳となっている。東京商工リサーチ(2020)「2020年3月期決算上場企業1,792社『従業員平均年齢』調査」(https://www.tsr-net.co.jp/data/detail/1190091_1527.html)を参照。

になってきつつあります。日本では少子化が進行し続けており、近年では深刻な問題になっています。それだけに職場で人手不足が顕在化しやすく、働く現役世代というのは貴重な存在なのです。働く人々各自が健康な状態で働き、暮らし、国力を支えることが期待されていると言えます。今の日本経済は「失われた30年」と評されています。企業業績を高めることが経営課題となって久しく、そのために生産性の向上が打開策です。最近では、ワーク・エンゲイジメントや従業員エンゲージメントといった言葉をしばしば見聞きするようになりましたが、働く人々が働きがいをもって、いきいきと仕事ができるようなマネジメントが重要視されています。

　以上のような背景のもと、2010年代半ばより経済産業省が創設し、開始している健康経営優良法人認定制度は、職場における健康経営実践の推進力になっています。2014年より「健康経営銘柄」の選定が開始しました。そして、2016年より開始した「健康経営優良法人（大規模法人部門および中小規模法人部門）」の認定を受けた法人数は、2021年には大規模法人部門で2,000法人を超え、中小規模法人部門で1万法人を超え、年々着実に増えてきています。

　健康経営の始まりはアメリカです。そして日本で先駆けてその重要性を説いてきたのが特定非営利活動法人健康経営研究会です（「健康経営®」は特定非営利活動法人健康経営研究会の登録商標）。健康経営は組織的に健康施策を行って、働く人の健康増進、ひいては生産性の向上を目指す経営手法です。その実践の結果としてどのような効果がもたらされているかについて、とりわけ日本ではまだ知見が少ない状況です。健康経営を実践している職場は、全体の中の一部にとどまっていることも事実です。より多くの法人が健康経営を始めるには、実践による効果のエビデンスを明確にすることが重要だと考えられます。まず、経営者は従業員の健康増進のために何らかの投資をしなければなりません。日々の仕事に忙しい従業員に参加をしてもらわなければなりません。健康経営の実践による効果が不明確であれば、経営者も投資をしようとしないでしょうし、従業員も参加しようとはせず、さらなる普及が望めません。そこで、本書では健康経営が職場にどのような効果をもたらすのかを実証的に明らかにしたいと思います。それにより、健康経営が日本のあらゆる職場に普及するための一助になれば幸いです。

第2節　本書のアプローチ

　ここで、本書が「健康経営」にどのようにアプローチするかを示します。健康経営とは、大きくは人間の「健康」に関するテーマです。健康は予防医学、産業保健、心理学などと深く関連しています。一方で「経営」に関する学問分野には経営学があります。筆者は、健康経営が職場で働く人々についての内容であるだけに、経営学の視点からの研究がより行われる必要があると考えます。そのため本書では、経営学的にアプローチし、経営学への貢献を目指します。そこで健康経営を推進し、健康経営銘柄に選定されたり健康経営優良法人に認定されたりしているいくつかの先進的な法人に注目し、健康経営の実践が職場にもたらす効果を考察します。

　健康経営はCSR（企業の社会的責任）の一環です。かつてエドワード・フリーマンは、「ステイクホルダーの支持がなければ企業は存在できず、企業は株主のために存在するとしても、ステイクホルダーの支持を得られるような行動を求められる」[3]として、企業を取り巻くステイクホルダー（例えば、株主、従業員、取引先、地域社会、地球環境など）の存在を重視する多元的CSR論を展開しました。この考え方は、ミルトン・フリードマンによる株主のみを重視する一元的CSR論に対する議論[4]として注目されました。

　エドワード・フリーマンが上の議論を展開して以降、ステイクホルダーを重視する経営の重要性を企業は理念的に理解するようになりました。しかし、実際にグローバル資本主義のもとで株主重視経営が進行することにより、CSRが株主利益の優先に傾いてきたことは否めません。しかし、従業員利益も含めてステイクホルダーを等しく考慮することが本来の意味でのCSR経営だと言えるでしょう[5]。ステイクホルダーの一員として従業員の健康増進をマネジメントする

---

3) Freeman, E.(1984)Strategic Management: A Stakeholder Approach, Pitman, pp.31-32.
4) ミルトン・フリードマン著、熊谷尚夫・西山千明・白井孝昌訳（1975）『資本主義と自由』マグロウヒル好学社、151ページを参照。原著：Friedman, M. (1962) Capitalism and Freedom, University of Chicago Press.
5) 筆者は2010年代後半に日本企業のステイクホルダーへの考慮の状況に着目して論文を執筆した。例えば、橋村政哉(2018)「CSRの欠如と克服―日本企業の従業員考慮に着目して―」『経営学論集』第88集、千倉書房、[10]-1-[10]-2ページを参照。

ことが、現在において重要な経営課題になっているのです。なお今日では、ESG投資[6]が企業経営を取り巻いており、企業が発行するサステナビリティレポート（CSRレポートやCSR報告書等の呼称もあり）などの中でも従業員に対する健康施策についての開示がなされています。すなわち、職場で働く人々の健康は投資家(株主)が経営の健全性を判断する材料の1つにもなっているのです。

　健康経営はまた、人的資源管理（HRM）においても重要性を帯びています。このことは、近年に刊行されている人事労務分野の文献の中で健康経営について言及されている[7]ことからも明らかです。「健康あっての仕事」という言葉があります。多くの人が聞いたことがあるでしょうし、それについては誰も否定しないでしょう。このことを人的資源管理論として表現すれば、従業員の健康は、従業員が「人的資源」（＝従業員が保有している潜在的な職業能力）を活用した「労働サービス」（＝従業員の顕在化した職業能力）を提供する行為の土台[8]となります。つまり、従業員が潜在能力を発揮し、仕事で成果を上げられるようにするためには健康経営が有用なのです。

第3節　本書の構成

　本書は次に示すように、本論を5つの章で構成しています。
　第1章「健康経営とは何か」ではまず、健康経営の源流をたずね、その概念についてみます。始祖であるアメリカと、日本での始まりについてみていきます。そして、これが大事なことですが、健康経営（＝ Health and Productivity Management）は単に健康管理（＝ Healthcare）にとどまらず、投資対効果が本質であることを様々な研究をみることで確認します。

---

6) ESGとは、Environment(環境)、Society(社会)、Governance(ガバナンス)のイニシャルを合わせた言葉であり、企業の非財務情報のこと。ESG投資についての詳細は本書第3章を参照。
7) 2010年代後半に刊行された書籍をみると、健康経営が章の中のコラムで取り上げられている。例えば、平野光俊・江夏幾多郎(2018)『人事管理―人と企業，ともに活きるために』有斐閣、167ページや佐藤博樹・藤村博之・八代充史(2019)『新しい人事労務管理〔第6版〕』有斐閣、234-235ページを参照。
8) 「人的資源」および「労働サービス」の言葉については佐藤博樹・藤村博之・八代充史、前掲書4ページを参照。また、奥林康司・上林憲雄・平野光俊編著(2010)『入門　人的資源管理〔第2版〕』中央経済社、7ページにおいてもこのことが説明されている。

第2章「近年における健康経営の政策的展開と広がりの状況」では、今般の健康経営が政府によって政策的に展開してきたことをみます。そのうえで現況をおさえ、より広がっていくために何が必要かを考えます。その1つのかたちとして、第2章では補論を設け、日本最大の医療保険者である協会けんぽ（全国健康保険協会）と自治体の健康経営の推進について広島県を事例に取り上げます。

　第3章「健康経営の実践が職場で求められる背景」では、職場で健康経営に向き合う必要が高まってきたことには、日本における労働課題への対応、健康の可視化、従業員の健康が投資判断材料になってきたことが大きく関わっていることをみていきます。

　第4章「健康経営の先進的な実践内容とその効果」では、まず健康経営の事例を考察している先行研究をみます。それを踏まえて本書の事例研究では、規模の大きな企業における健康経営の実践内容と、規模の小さな企業における健康経営の実践内容、さらには医療法人および社会福祉法人における健康経営の実践内容というように、さまざまな法人（計7組織）の取り組みについて比較考察を行うことで、健康経営が職場にもたらす効果の実相を明確にします。

　第5章「健康経営のこれから」では、健康経営が今後の日本の社会においてなぜ重要なのかをCSR経営や人的資源管理の枠組み、仕事と生活の問題という諸点から考え、未来を展望します。

　本書は、大学などの研究機関の研究者、実務家、学生、市民の方々に興味、関心を持っていただけるようにと作成しました。本書がそうした多くの方々のお役に立てることができれば幸甚です。

第1章　健康経営とは何か──その概念をつかむ

第1節　アメリカにおける源流：「ヘルシー・カンパニー」
第2節　日本における源流：「健康経営®」
第3節　投資対効果を本質とする健康経営
第4節　第1章のまとめ

第1章

健康経営とは何か——その概念をつかむ

第1節　アメリカにおける源流:「ヘルシー・カンパニー」

ロバート・ローゼンによるヘルシー・カンパニー概念

　健康経営の考え方や取り組みは、日本よりも先にアメリカで展開しています。臨床心理学者ロバート・ローゼンの著書『ヘルシー・カンパニー』は、働く人の健康マネジメントを議論する際に度々引用される文献であり、ある意味でバイブルとも言えます。原著作である"Healthy Companies"[9]は1986年に出版されていますが、現在は入手できないものとなっています。ですが幸いなことに、1994年にその日本語訳の書籍[10]が出版されています。そこで、これをもとに書かれている内容をみていくことにしましょう。

　著書の中において「"ヘルシー・カンパニー"という概念は、職場における健康と人的資源に関する50年に及ぶ研究を集大成したものである」(ロバート・H・ローゼン著、宗像恒次監訳、産能大学メンタル・マネジメント研究会訳1994：29ページ)とあるように、ここにアメリカにおける健康経営の源流をたずねることができます。

　著者のローゼンは、それまで分断していた経営管理と健康管理を統合的にとらえることの必要性を主張しています。それは当時のアメリカにおいて、こうした仕組みを構築していた企業が成長していたがゆえです。この著書は、「企業の

---

[9] Rosen, R.H. (1986) *"Healthy Companies: A Human Resources Approach"*. New York: AMA.
[10] ロバート・H・ローゼン著、宗像恒次監訳、産能大学メンタル・マネジメント研究会訳(1994)『ヘルシー・カンパニー：人的資源の活用とストレス管理』産能大学出版部。

従業員の健康問題の背景が職場環境にあること」(前掲書：5ページ)、「人は健康なほうがよい成果をあげること」(前掲書：17ページ)を多くの事例によりつかみ、「健康管理と人的資源管理は互いに補足し合うものであり、いずれも健康増進と生産性の向上に有効に作用する」(前掲書：27ページ)と論じたことが評価されています。

　ヘルシー・カンパニーは、そうでない企業(アンヘルシー・カンパニー)とは大いに異なっており、その最も大きな違いは、「健康の増進と生産性の向上に同時に取り組んでいること」(例えば、従業員の健康増進を目指してヘルスケア給付やウエルネス・プログラムが設けられ、これを支援するための労働条件と経営方針が策定されているといったこと)にあるといいます(前掲書：17-18ページ)。

　健康と組織を総合的にみているヘルシー・カンパニーが重視している要素としては、

- 従業員自身の健康に対する従業員のライフスタイルの影響
- 従業員の健康に対する労働環境の影響
- 組織の収益性に対する従業員の健康度の影響
- 従業員の健康と組織の利益に対する家族、同僚、余暇など、より大きな環境の影響

の4点があるといいます(前掲書：30ページ)。

　当時のアメリカにおける企業に影響を及ぼすトレンドについて、労働の構造がモノの操作から精神活動や顧客サービスへと変化してきたことによる「情報・サービス経済の台頭」、官僚制の経営組織を排して従業員と作業者集団が自ら管理する体制への移行にみられる「分権化と自己管理の推進」、個人的な満足感や自己表現、自分の仕事を調整するといった「労働価値観の変化」、指揮をとる・命令を下すことからインストラクターやコーチとして部下の可能性を最大限に引き出す者への「管理者の役割の変化」、若年労働者から高齢労働者、勤労女性や少数民族、身体障がい労働者数の増加という「人口統計上の変化」、健康に関する考え方の広がりによる「生産的生活に欠かせない疾病予防」、人件費とヘルスケア・コス

ト高騰のため従業員を育成すべき資本の一形態と見る「人的資本の育成に対する関心の高まり」、労働者の仕事上のストレスを憂慮していた「ヘルシー・カンパニー化への労働組合の支持」、「ストレス関連疾病の訴訟での判例」の社会的影響の高まりを挙げています（前掲書：39-52ページ）。まさに、ヘルシー・カンパニーの存在感が大きくなる所以です。

臨床心理学者であるローゼンは、働く人の健康を損ねる潜在的な危険因子（組織に悪影響をもたらす要因）として、

・ストレスの多い労働条件
・不明確な業務上の役割
・統制あるいは参加の欠如
・変化に対して後手にまわる管理
・職場における緊張した人間関係
・家族と余暇に時間が割けないことに対する葛藤
・キャリア開発の道が閉ざされていること

の7つを挙げています。ローゼンによれば、企業の疾病防止策には2つの方法があるといいます。その1つは、ストレス管理や禁煙、高血圧のコントロール、栄養教育、ウエートコントロール・プログラムなど、ウエルネスと予防の機会を提供して従業員の疾病に対する抵抗力を高めること。もう1つは、人的資源政策およびプログラムを通じて、健康増進と生産性向上につながる労働環境をつくり上げることであり、この2つを組み合わせると、究極的に最も健全な企業文化が確立できるといいます（前掲書：59-60ページ）。著書の後半では「企業文化の診断」と題して後者にアプローチし、当時における各問題（上記の、組織に悪影響をもたらす7つの要因）に関連する調査結果、および企業の取り組み事例が示されています。

総じて、ライフスタイルや労働環境、家族、同僚、余暇などに配慮して働く人々の健康度を向上させることが組織の収益性を高める、という示唆が得られる内容になっています。

以上、本節ではアメリカにおける健康経営の源流をたずねるべくロバート・ローゼンによるヘルシー・カンパニー概念についてみてきました。では、私たちが住んでいる日本でこうしたことはどのようにして始まったのでしょうか。次節では日本の健康経営の源流をたどってみましょう。

第2節　日本における源流：「健康経営®」

岡田邦夫氏の健康経営論

　健康経営は、日本では近年になって見聞きすることが多くなった新しい言葉の部類です。日本で健康経営を早くに提唱したのは産業医の岡田邦夫氏です。岡田氏は大阪市立大学(現在の大阪公立大学)医学部、同大学大学院医学研究科の出身で、大阪ガス株式会社人事部健康開発センターの統括産業医を務めていました。大阪ガス株式会社は1975年に「健康づくり」を経営方針に掲げ、健康開発センターを設立し、以後、グループ各社も含めて健康診断の徹底や医療専門職による個人別保健指導などに取り組んできた健康先進企業です[11]。岡田氏は、そこで長く働く人々の健康をマネジメントする仕事に従事してきた当事者です。

　岡田氏は、自身の仕事である昭和から平成へと時代が進む中での産業医の役割の変化について次のように述べています。

　　昭和の時代の産業医の仕事とは、言ってしまえば会社が用意した診療所に詰めて、健康診断をするだけというものでした。それが平成に入ってしばらくすると労働災害や民事訴訟が起こるようになり、従業員の健康管理が不十分であることによって莫大な損害賠償や企業イメージの暴落を引き起こすことが分かってきたのです。そこでこのような企業リスクの一翼を産業医が担うようになり、具体的には従業員の体力づくりのプログラムを提案したり、管理職に対する部下のメンタルヘルスケアの指導をしたり、体調不良の従業員と面談して

---

[11] 大阪ガス株式会社ホームページ「『Daigasグループ健康経営宣言』について」(https://www.osakagas.co.jp/topics/1292198_14522.html)を参照。なお、大阪ガス株式会社の健康経営の実践内容については本書第4章で取り上げている。

勤務に耐えられるかどうかを判定して会社に助言するというように、従業員の健康管理の実務面を負うようになったのです。人によっては、産業医とは別に主治医がついている場合もあります。診断して病気の程度を見るのが主治医だとすれば、産業医は「働けるかどうか」という観点から従業員を診ます。裁判などで両者の意見の違いが出たときには、「職場について知っている」という点から産業医の意見が重視される傾向が強くなっており、こうしたことから全般に産業医の企業における重要性が高まった[12]。

　このことは、その後の健康経営の展開につながっていきます。そして、日本で具体的な動きが始まったのは 2000 年代に入ってからです。
　2004 年に健康保険組合の理事や中小企業の社長、弁護士、産業医など有志が集い、これからの働く人の健康についての情報交換会を開始し、2006 年に特定非営利活動法人健康経営研究会が発足しました[13]。岡田氏は同研究会の理事長として「健康経営®」の普及活動を本格的に行っていくことになりました。
　健康経営研究会は、「企業が従業員の健康に配慮することによって、経営面においても大きな効果が期待できる」という基盤の構築が企業の未来と従業員の健康を創造するとの考え方を広く啓発する目的で設立されました(図 1-1)。
　しかしながら、設立当初ほとんど経営者に相手にされなかったといいます。当時は、とにかく従業員の健康診断さえやっておけばそれでいいという意識を持つ経営者が多く、「お金をかけて健診をやっているんだから、それに見合ったリターンを求めてはどうか」と訴えると、「将来へ投資しても、会社が倒産したらどうしてくれるんだ」と返されることもあったといいます(脚注 13)の『日本経済新聞』)。「健康経営®」の普及活動は、決して順調な滑り出しではなかったことがうかがえます。
　岡田氏は健康経営研究会の設立以降、健康経営に関する書籍を複数出版しています。ここでは、その中の 2 つの書籍を取り上げます。

---

12) アスクル株式会社みんなの仕事場ホームページ「ベテラン企業ドクターがホワイト企業を応援！企業リスクを回避し、雇用戦線で自社ブランドを向上させる『健康経営』のススメ」(https://www.shigotoba.net/expert_interview_1810_veterankigyodoctor.html)を参照。
13) 日本経済新聞社『日本経済新聞』2021 年 8 月 4 日関西タイムライン。

> 　健康経営とは、企業が従業員の健康に配慮することによって、経営面においても大きな効果が期待できる、との基盤に立って、健康管理を経営的視点から考え、戦略的に実践することを意味している。
> 　従業員の健康管理・健康づくりの推進は、単に医療費という経費の節減のみならず、生産性の向上、従業員の創造性の向上、企業イメージの向上等の効果が得られ、かつ、企業におけるリスクマネジメントとしても重要である。
> 　従業員の健康管理者は経営者であり、その指導力の下、健康管理を組織戦略に則って展開することがこれからの企業経営にとってますます重要になっていくものと考えられる。

図1-1　健康経営研究会設立時の健康経営の考え方

（出所）特定非営利活動法人健康経営研究会ホームページ「健康経営研究会について」（http://kenkokeiei.jp/about）をもとに筆者作成。

　まず、2008年の安倍孝治氏との共著[14]では、健康経営は企業を支える人の健康づくり事業を経営者の主導によって効果的に築いていくという考え方であるとし、

- 従業員の健康にかかわるコンプライアンス（事業者責任として健康診断実施、病者の就業禁止）
- 従業員の健康にかかわる経営上のリスクマネジメント（従業員に対する健康配慮義務の履行、過重労働による心身の健康障害防止対策）
- 従業員のヘルスマネジメント（健康診断結果やメンタルヘルスチェックなどの情報に基づく健康づくり施策の決定と効果的な展開）
- 従業員に対する健康づくり事業の戦略（長期的な計画、実施担当部署を定める）
- 企業の社会的責任（従業員に対する健康づくりは投資である）
- 事業者の意識（事業者自身の健康への取り組み）

という6つの柱が、企業とその企業を支える従業員、そして社会の健康を支えて

14）安倍孝治・岡田邦夫（2008）『健康経営のすすめ』健康経営研究会。

いるという考えに立っていると述べています（安倍・岡田 2008：13 ページ）。

岡田氏は健康経営を進めるうえで、「経営者みずからが健康感について、その考え方をすべて従業員に表明する」ことを最も重視しています。これは戦略的構想の構築を指しており、すなわち、企業経営の源を成す人材の育成について、健康面も含めてその戦略的構想を明らかにすることだといいます。次に、この構想のもとで職場風土の醸成のために、健康管理を担当する管理者がコストパフォーマンスの視点から健康づくり事業を推進することを示しています。現場での対応として、産業保健スタッフは戦略的構想のもと、得意とする戦術を駆使してその役割を果たし、従業員は自らの健康管理に責任をもち、健全な労働力の提供に努めることに期待をしています（前掲書：14-15 ページ）。経営者のマインドを従業員に伝えること、これが岡田氏の健康経営に込めた大きなメッセージのように感じられます。

また、ここぞというときに頼りになるのはコンピュータではなく人であるがゆえ、企業が、成長を支える柱としての従業員の健康を戦略的に考える必要性を説いています。一人ひとりの健康は自己管理が重要であるものの、組織の健康には経営者の取り組み（＝事業者の積極的なかかわり合い）が重要であり、ヘルスマネジメントとして後手にならない健康づくりを進める先進的な取り組みに成果の原点があるのだといいます（前掲書：15-16 ページ）。

続いて、2015 年の岡田氏の単著[15]では、健康経営を「利益を創出するための経営管理と、生産性や創造性向上の源である働く人の心身の健康の両立をめざして、経営の視点から投資を行ない（健康投資）、企業内事業として起業しその利益を創出すること」（岡田 2015：10-11 ページ）と定義しています。「健康経営®」とは「ヘルシー・カンパニー」志向だということです。

この著書でも健康経営を推進する方策へのアプローチとして、

・経営者が進める健康経営
・管理監督者が進める健康経営
・働く人が進める健康経営

15）岡田邦夫（2015）『「健康経営」推進ガイドブック』経団連出版。

を3つの柱に挙げています。1つ目の「経営者が進める健康経営」はトップダウンで進める戦略構想であり、健康経営を進めるにあたっては従業員の健康推進を経営方針において定め、将来の企業を支える資産として従業員を成長させることが重要だといいます。そしてその前提として欠かせないのが、コーポレート・ガバナンス、組織的・長期的な展望にもとづく戦略構想、経営者自身の良好な健康の維持だとしています（前掲書：20ページ）。2つ目の「管理監督者が進める健康経営」は職場の快適化であり、管理職は実際の現場で健康経営の役割を担うことになり、業務上の指揮命令権を持ち、労働の「量」と「質」の両面から、部下の心身に及ぼす影響を考慮しなければならない立場にあります。特に職場における安全配慮義務についての理解を深め、職場の健康づくり推進の風土を醸成する役割があります。管理監督者は職場のキーパーソンであるだけに元気であることが欠かせず、自らの健康にも留意する必要があるということです（前掲書：49ページ）。3つ目の「働く人が進める健康経営」は健康と体力を自ら築くことであり、求められる労務を提供できるよう、働く人は他人任せではなく自ら健康の保持増進に努める必要があるということです（前掲書：64ページ）。これらのことより、年月を重ね、「岡田邦夫氏の健康経営論」が明確になってきたことが見て取れます。次に、実践にどう活かすかということになります。

実践研究会の開催

　岡田氏は実践の場にも積極的に参加しています。2016年から2017年にかけて関西圏でHHHの会[16]（一般社団法人 人と組織の活性化研究会の分科会）という実践研究会が開催されました。HHHとは、Health（健康施策）× Human（従業員）＝ Happinesst（企業と従業員の幸福）を示す3つの頭文字であり、健康増進施策をモチベーションや企業の生産性の向上に結びつける取り組みに関する研究会です。当研究会は経営学者の金井壽宏氏による発案とのことで、17の企業組織の参加がありました。岡田氏や経営学者の加護野忠男氏もオブザーバーとして参加しています。HHHの会は、1つに参加企業組織で同じ施策を導入したうえで知見の

---

[16] HHHの会については森永雄太（2019）『ウェルビーイング経営の考え方と進め方　健康経営の新展開』労働新聞社を参照。

交換を目的としたこと（そのため、参加者は自社で健康経営の導入に関与する経営陣や委託の推進担当者であった）、もう1つにハイリスクアプローチ（健康リスクの高い人に向けた健康改善対策）ではなく、健康増進施策をいかに健康層に拡張していくのか、健康増進を生産性に結びつけるための取り組みをいかに展開していくのかということが最先端の問題意識であるため、ポピュレーションアプローチ（チームアプローチによる健康増進、生産性の向上）を通じてウェルビーイング（心身充実状態）を高めようとする点を特徴（森永2019：116-119ページ）としていました。このように、実際の企業組織の経営者、健康経営推進担当者や著名な経営学者の方々との検討も行ってきました。こうした過去の積み重ねがあって、筆者は健康経営の研究を行えているのだと思っている次第です。

次節では、近年において行われてきた健康経営に関する先行研究に着目します。

コラム1

健康経営には産業医の活躍が期待されている

「産業医」と聞いてどのようなイメージを持つでしょうか。病院や歯科医院などの医師と比べるとどこかイメージが湧きにくいと思いますが、産業医は産業保健の専門家です。

鈴木友紀夫氏によると、もともとは工場で働く人々の健康管理に従事していましたが、産業構造の変化にともない産業医の仕事の重心は、物理的・化学的な安全衛生からサービス業も含めた働く人々を対象にした健診や生活習慣病予防などに移ってきたといいます（鈴木友紀夫（2018）『企業にはびこる名ばかり産業医』幻冬舎、29-31ページ）。しかしまだ、多くの職場では産業医をほとんど活用できていないと鈴木氏は問題視しています。

産業保健活動を軸に日本の健康経営の展開と課題を産業医の立場から論じているのが森晃爾氏です。2019年の発表論文の内容をみてみましょう。

まず、従来の健康管理と健康経営の目的について次のように述べています。

従来の健康管理は、労働安全衛生法の遵守や安全配慮義務の履行等、義務やリスクを回避しようとするものであったため、そのために必要な費用はコストであり、可能な限り低減しようとする動機がはたらいてきたが、健康経営は従

業員の健康に対して投資をするものであり、リスクの低減に併せて経営上の成果を得ることが重要である、と述べています。

そのうえで、健康経営は長期的な視野に立った取り組みが必要であるとし、導入、展開、定着、発展といったフェーズを想定して推進を図ることの重要性を説いています。最初の導入フェーズでは、既存の産業保健活動の整理から始めたうえで、当面の産業保健推進計画を立案し、その際に、既存の活動の有効活用とハイリスク状況の確実な管理を前提にプログラムを定めることが肝要です。展開フェーズでは、企業が入手できる健康に関するデータと健康保険組合のデータをうまく活用して健康課題を明確にし、企業と健康保険組合が話し合いながら産業保健活動の計画を立ててプログラムの企画・実施につなげるというように、従業員が健康行動をとりやすくすることが大事です。定着フェーズでは、従業員の健康を経営マター化し、産業保健プログラムが継続的に改善される仕組みを構築すること、健康経営は企業全体での取り組みであり、職場や部門ごとの取り組みについて可能な限り企業全体で整合化を図ることが重要です。最後の発展フェーズは、他の事業活動と同様にグループ企業やその他の発展企業への展開を図ること、としています。

健康経営の概念が日本社会に定着し、成果を上げるための課題として、現在の健康経営のプログラムの多くがメタボリック症候群対策等、生活習慣病の予防を中心としたものに偏っており、産業保健活動やプレゼンティーイズム（詳細については本書第3章および第4章を参照してください）に関わるプログラムの開発や提供の検討の必要性（プログラム提供の側面）、中小企業において健康経営を推進する人材の不足と健康投資の評価ツールの開発の必要性（実践・評価の側面）、健康経営に取り組むことのインセンティブの方向性（制度の側面）を挙げています（森晃爾（2019）「健康経営の展開と課題」『生活福祉研究』通巻97号、明治安田総合研究所、4-19ページ）。

森氏の議論には、産業保健活動を有効に機能させ、企業が健康経営に取り組んでいくことの重要性が示されています。

第3節　投資対効果を本質とする健康経営

健康管理との違い

　健康経営は健康管理とは質を異にします。このことは、健康経営を理解するうえで大切なポイントです。

　健康管理にあたる英語は、Healthcare です。例えば、企業における働く人の健康管理は、その組織の活動に損失が生じないように働く人の健康増進を目的としており、従前から行われてきています。労働者の健康管理は、労働安全衛生法に規定されています。

　『安衛法便覧　令和5年度版』(労働調査会、2023年)によれば、労働安全衛生法は職場における労働者の安全と健康を確保すること、ならびに、快適な職場環境の形成を促進することを目的としています(第1条)。職場単位での健康診断が義務化されており、診断結果に異常の所見があった場合、労働者の健康を保持する必要があると認められる場合、当該労働者の就業場所の変更や作業の転換、労働時間の短縮、深夜業の回数の減少等の措置を講じなければなりません(第66条)。近年では、事業者は労働者に対して心理的な負担の程度を把握するための検査等(いわゆるストレスチェック)を行わなければなりません(第66条)。

　対して、健康経営にあたる英語は、海外で発表されている文献をみると Health and Productivity Management と表現されています[17]。健康経営は、健康と生産性のマネジメントであり、組織が働く人々の健康増進のために投資をし、業績へのリターンを目指す経営手法です。すなわち、投資対効果をねらいとしています。そのため、どんなに熱意があっても健康経営の本質を理解していなければ、正しい実践にはなりませんし、その効果も期待できないのです。

健康経営の効果に関する先行研究

　健康経営が投資対効果を本質とする以上、どのような効果があるかについて

---

17) 例えば、Goetzel and Ozminkowski による2000年の発表論文 (Goetzel,R.Z., and Ozminkowski, R.J. (2000) "Health and Productivity Management:Emerging Opportunities for Health Promotion Professionals for the 21st Century," *American Journal of Health Promotion*, 14, pp.211-214) のタイトルを参照。

研究が行われることは自然だと言えます。こうした研究についても、日本に先んじて海外で行われてきましたが、最近、日本でも研究がみられるようになってきました。

ここでは、海外における先行研究と、日本の実証研究について示します。

(1) ジョンソン・エンド・ジョンソングループによる健康経営の投資対効果報告

生活用品を製造・販売する企業として世界的に有名なジョンソン・エンド・ジョンソングループは、投資対効果に関する興味深い結果を報告しています。実は、このジョンソン・エンド・ジョンソン社は先進的な健康経営企業なのです。2011年に、同社の専属の医師らが、従業員を対象に2002年から2008年の間に実施した健康促進プログラムの実施の効果を測定した結果として、投資収益額が約3倍になったことを論文に発表しました[18]。このことは『Newsweek Japan(2011年3月)』においても取り上げられ、次のように紹介されています。

> ジョンソン・エンド・ジョンソン社は米国の健康経営の草分け的存在であり、「健康な文化」が社員の健康増進と生産性や成果の向上に不可欠だと考え、1978年から「世界一健康な集団」づくりを目指してきたということです。同社では、従業員は毎年健康履歴を更新し、健康リスクが発見された場合は相談員が食事や運動など必要なプログラムを紹介するようになっており、社内クリニックのほか、生活習慣の相談も受けるカウンセリング室、禁煙支援も行うインターネット相談等の体制が整えられています。世界のグループ250社、従業員約11万4000人の健康管理プログラムへの参加率は80％以上を維持しており、図1-2に示すように「健康投資1ドルに対する健康リターンは3ドル」という投資対効果が見出されたということです[19]。

---

18) Henke, R.M., Goetzel, R.Z., McHugh, J., and Isaac, F. (2011) "Recent experience in health promotion at Johnson & Johnson: Lower health spending, strong return on investment". *Health Affairs*, 30(3), 490-499.
19) ロバート・ケーラム、千葉香代子(2011)「儲かる『健康経営』最前線」『Newsweek Japan』2011年3月号、48-53ページ。

```
健康投資（1ドル）                    健康リターン（3ドル）

人件費                              生産性の向上
（健康・医療スタッフ、事務スタッフ）      欠勤率の低下
                                   プレゼンティーイズムの解消
保健指導等利用費
システム開発・運用費                   医療コスト削減
                                   疾病予防による傷病手当の支払い減
設備費                              長期的医療費抑制
（診療施設、フィットネスルーム等）
                                   モチベーションの向上
                                   家族も含め忠誠心と士気が上がる

                                   リクルート効果
                                   就職人気ランキングの順位上昇で
                                   採用が有利に

                                   イメージアップ
                                   ブランド価値の向上
```

図 1-2　健康経営の投資対効果

（出所）ロバート・ケーラム、千葉香代子（2011）50 ページをもとに筆者作成。

　これは、組織が健康増進プログラムに 1 ドル投資をすると、生産性の向上、医療コスト削減、モチベーションの向上、リクルート効果、イメージアップという 3 倍の収益になって還ってくるということをあらわしており、投資対効果の 1 つのひな形になっています。

(2) アメリカにおける健康経営と企業業績との関連についての研究

　アメリカでは、健康経営と企業業績との関連について Fabius et al. による 2013 年の論文で実証研究の結果が発表されています。それは、米国の優良健康経営表彰企業[20]に 1 万ドルを投資した場合と、米国の代表的な株価指数である S&P500（スタンダードアンドプアーズ 500 株価指数）平均に 1 万ドルを投資した場合との 1999 年から 2012 年までの 13 年間の投資成果を比較したところ、優良健康経

---

[20] American College of Occupational and Environmental Medicine（米国産業環境医学協会）は Corporate Health Achievement Award というヘルシーカルチャー企業の表彰制度を 1997 年より主催しており、これに選ばれた企業を指す。表彰制度は 2019 年より Excellence in Corporate Health Achievement Award と名称を変更している。ACOEM ホームページ「About ACOEM」（https://acoem.org/About-ACOEM/Excellence-in-Corporate-Health-Achievement-Award）を参照。

営表彰企業が S&P500 平均よりも約 1.8 倍高くなっていたということです[21]。もちろん、このことだけでは健康経営が企業業績を高めたという因果関係は定かではありませんが、健康経営と企業業績の相関関係、すなわち健康経営を実践している企業のほうが株価上昇度が高い傾向にあるとみることができます。

(3) 欧米における健康経営をめぐる組織心理学研究

近年、欧米の組織心理学者らによって健康経営施策に関する介入研究の効果が明らかにされています。

その研究の1つとして、DeJoy et al. が 2010 年に発表した論文が挙げられます。この論文では、アメリカの大規模小売企業を事例としており、働く職場の状況が良くない中でも**従業員を巻き込むかたちでの健康経営施策を行うことが、従業員のウェルビーイングや組織成果の低下をいくらか食い止める効果がある**ことが示されています[22]。

もう1つに、von Thiele Schwarz et al. が 2014 年に発表した書籍が挙げられます。同書では、スウェーデンの大規模歯科ケア施設を事例としており、働く職場の状況の良い中で**従業員を巻き込むかたちでの健康経営施策を行うことが、組織成果と従業員のウェルビーイングの双方をさらに高める効果がある**ことが示されています[23]。欧米の健康経営は、単に従業員の健康度を高めるだけでなく、心身充実状態をあらわすウェルビーイングを目指しています。

以上は、職場が従業員に対して行う健康経営施策が、人々のウェルビーイングと組織成果にプラスの影響を与えたことを示す実証研究です。

---

21) Fabius, Raymond, R. Dixon Thayer, Doris L. Konicki, Charles M. Yarborough, Kent W. Peterson, Fikry Isaac, Ronald R. Loeppke, Barry S. Eisenberg and Marianne Dreger (2013) "The Link between Workforce Health and Safety and the Health of the Bottom Line," *Journal of Occupational and Environmental Medicine*, 55(9), pp.993-1000.
22) DeJoy, D.M., Wilson, M.G., Vandenberg, R.J., McGrath-Higgins, A.L., and Griffin-Blake, C.S. (2010) "Assessing the Impact of Health Work Organization Intervention," *Journal of Occupational and Organizational Psychology*, 83, pp.139-165.
23) von Thiele Schwarz, U., Hasson, H., and Lindfors, P. (2014) "Effects of Workplace-based Physical Exercise Interventions on Cost Associated with Sickness Absence and on Productivity," in C. Biron, R.J. Burke, and C.L. Cooper, (eds.) *Creating Healthy Workplaces: Stress Reduction, Improved Well-being, and Organizational Effectiveness, Farnham*, UK: Gower Publishing.

(4) 日本における健康経営の有効性についての実証研究

　ここ数年の間において、日本でも健康経営の効果を明らかにした研究書がみられるようになってきました。ここでは2つの研究を取り上げて、それぞれの内容をみてみましょう。

　1つ目の研究として、新井卓二氏と玄場公規氏は、2019年に健康経営の研究書を出版しています。健康経営優良法人とその他上場法人を比較し、「期待される効果」＝図1-2の健康リターンの5項目（「生産性の向上」、「医療コスト削減」、「モチベーションの向上」、「リクルート効果」、「イメージアップ」）の全ての項目で健康経営優良法人がその他上場法人を上回っており、日本で初めて健康経営への投資効果の実感値を示したこと、上回っている中での期待できる効果として健康経営は生産性の向上、イメージアップ、リクルート（応募）でその効果を期待できるが、モチベーションアップやリクルート（離職）には効果が期待できないことを実証研究により明らかにしています[24]。

　2つ目の研究として、森永雄太氏もまた、2019年に健康経営をテーマとする研究書を出版しています。森永氏は日本における「ウェルビーイング経営」の効果を明らかにすることを試みています。ウェルビーイング経営とは、組織成果と従業員の心身充実の両立を目指すマネジメントであり、「攻め」の健康経営だということです。そうした積極的な健康経営を行っている日本の2つの組織（大規模企業関連子会社と市役所）の事例実証研究より、従業員のウェルビーイングと組織の生産性向上に一定の効果を見出しています[25]。

　このような先行研究において、健康経営の効果を裏付ける研究が行われてきたことが見て取れます。

第4節　第1章のまとめ

　以上、本章ではまず、アメリカの健康経営の源流である「ヘルシー・カンパニ

---

24) 新井卓二・玄場公規編著（2019）『経営戦略としての「健康経営」　従業員の健康は企業の収益向上につながる！』合同フォレスト、85-90ページ。
25) 森永（2019）前掲書137-152ページ。

ー」と、日本の健康経営の源流である「健康経営®」についてそれぞれみてきました。臨床心理学者であるロバート・ローゼンによる「従業員の健康マネジメントができている企業こそ収益性が高い組織である」という主張内容は、特定非営利活動法人健康経営研究会を立ち上げた産業医の岡田邦夫氏らによる「企業が従業員の健康に配慮することによって、経営面においても大きな効果が期待できる」との考えに影響を与えていると言えます。職場で働く人々の健康は、職場の利益につながるたいへん貴重なものであり、それだけに職場が健康リスクを排することや健康増進を図ることが必要だということです。

　続いて、健康経営は単にリスクを防いだり、回復を目指したりする健康管理ということではなく、職場が働く人々の健康に投資をし、その効果を上げるということ（＝投資対効果）が目的とされるものであることをみました。欧米では健康経営の効果が日本より早くに明らかにされてきました。ジョンソン・エンド・ジョンソン社による健康経営の投資対効果の発表（「健康投資1ドルに対する健康リターンは3ドル」）は、その後に影響を与える内容になっています。ここ数年、日本でも少しずつその効果を発表する研究が登場してきています。

　次章では、近年において日本で健康経営が政府によって政策的に展開してきていること、およびその広がりの状況をみます。健康経営は年々認知度が高まっているようであり、取り組む職場も増加傾向にありますが、日本全体ではまだまだ一部にすぎません。そこで、健康経営がさらに浸透してゆくために何が課題なのかを考えてみることにします。

第 2 章　近年における健康経営の政策的展開と広がりの状況

第 1 節　健康経営の政策的展開

第 2 節　健康経営の広がりの状況

第 3 節　現在の課題

補　論　保険者および自治体による健康経営推進の仕組み

第 2 章

近年における健康経営の政策的展開と広がりの状況

　今日の健康経営は、国をあげて政策的に検討がなされ、展開してきたと言えます。本章ではまず、政府の検討を中心に着目します。次いで、実際にどのくらい広がりをみせているのかを把握します。このことを踏まえて、現在の課題について考えます。

第 1 節　健康経営の政策的展開

政策が加速した 2010 年代

　前章では、健康経営の源流についてみてきました。日本では岡田邦夫氏らによって立ち上げられた特定非営利活動法人健康経営研究会の活動が事の創始ですが、国民医療費、介護費の増大と少子高齢化の進行による生産年齢人口の減少、経済状況の停滞は国にとって健康対策を講じなければならない大きな事情となり、2010 年代に入ると健康経営の政策的展開が加速し始めました。

　まずは 2012 年に、政府系金融機関である DBJ（日本政策投資銀行）が「健康経営（ヘルスマネジメント）格付」を開始しました。これは、DBJ が融資対象候補企業に対して健康経営スクリーニングを実施し、健康経営Ⅰ（運営全般）・Ⅱ（実施事項）評価で従業員の健康配慮への取り組みが「特に先進的」、「先進的」、「十分」と認められる場合において融資の際に優遇する仕組みです[26]。

---

26) DBJ サステナブルソリューションホームページ「DBJ 健康格付融資」（https://www.dbj-sustainability-rating.jp/health/overview.html）を参照。なお、同行は健康経営を、「従業員の健康増進を重視し、健康管理を経営課題として捉え、その実践を図ることで従業員の健康の維持・増進と会社の生産性向上を目指す経営手法」と定義している。

2013年に政府は、「日本再興戦略」を発表しました。その中では「国民の健康寿命の延伸」が主要テーマに挙げられました。翌2014年に発表された改訂版では、健康投資の考え方が示されるところで「健康経営」の言葉が用いられました（図2-1）。

　健康経営に取り組む企業が、自らの取り組みを評価し、優れた企業が社会で評価される枠組み等を構築することにより、健康投資の促進が図られるよう、関係省庁において年度内に所要の措置を講ずる。

- 健康経営を普及させるため、健康増進に係る取り組みが企業間で比較できるよう評価指標を構築するとともに、評価指標が今後、保険者が策定・実施するデータヘルス計画の取り組みに活用されるよう、具体策を検討
- 東京証券取引所において、新たなテーマ銘柄（健康経営銘柄（仮称））の設定を検討
- 「コーポレート・ガバナンスに関する報告書」やCSR報告書等に「従業員等の健康管理や疾病予防等に関する取り組み」を記載
- 企業の従業員の健康増進に向けた優良取り組み事例の選定・表彰　等

図2-1　日本再興戦略で取り上げられた健康経営

（出所）首相官邸（2014）「日本再興戦略改訂2014―未来への挑戦―」95ページより筆者作成。

　そして、この推進役を担っているのが経済産業省です。同省は健康経営を、「従業員等の健康保持・増進の取り組みが将来的に収益性等を高める投資であるとの考えの下、健康管理を経営的視点から考え、戦略的に実践すること」[27]と定義しており、健康経営に係る各種顕彰制度を推進し、従業員や求職者、関係企業や金融機関などから社会的に評価を受けることができる環境づくりのために2014年より「健康経営銘柄」の選定、2016年より「健康経営優良法人（大規模法人

---

27) 経済産業省ヘルスケア産業課（2022）「健康経営の推進について」（https://www.meti.go.jp/policy/mono_info_service/healthcare/downloadfiles/kenkokeiei_gaiyo.pdf）を参照。

部門および中小規模法人部門)」の認定を行っています[28]。

　2015年には、少子高齢化が急速に進展する中で国民一人ひとりの健康寿命延伸と適正な医療について民間の組織が連携し、行政の全面的な支援のもと実効的な活動を行うために経済団体、医療団体、保険者や自治体でもって職場、地域で具体的な対応策を実現していくことを目的とする活動体である日本健康会議が創設されました[29]。同会議による「健康なまち・職場づくり宣言2020」(図2-2)の制定は、健康経営が広まる大きな契機になっています。近年では新たに、今後の課題を踏まえて「健康づくりに取り組む5つの実行宣言2025」(図2-3)を制定しています。

宣言1	予防・健康づくりについて、一般住民を対象としたインセンティブを推進する自治体を800市町村以上とする。
宣言2	かかりつけ医等と連携して生活習慣病の重症化予防に取り組む自治体を800市町村、広域連合を24団体以上とする。その際、糖尿病対策推進会議等の活用を図る。
宣言3	予防・健康づくりに向けて47都道府県の保険者協議会すべてが、地域と職域が連携した予防に関する活動を実施する。
宣言4	健保組合等保険者と連携して健康経営に取り組む企業を500社以上とする。
宣言5	協会けんぽ等保険者のサポートを得て健康宣言等に取り組む企業を1万社以上とする。
宣言6	加入者自身の健康・医療情報を本人に分かりやすく提供する保険者を原則100%とする。
宣言7	予防・健康づくりの企画・実施を提供する事業者の質・量の向上のため、認証・評価の仕組みの構築も視野に、保険者からの推薦等一定の基準を満たすヘルスケア事業者を100社以上とする。

---

28) 経済産業省ホームページ「健康経営」(https://www.meti.go.jp/policy/mono_info_service/healthcare/kenko_keiei.html)を参照。その具体的な仕組みと状況については次節でみる。
29) 日本健康会議ホームページ「日本健康会議とは」(https://kenkokaigi.jp/about/index.html)を参照。なお、日本健康会議は民間主導の活動体でありながら、経済産業省をはじめ厚生労働省、東京商工会議所、日本医師会等の全面バックアップを受けて発足している。このことについては、新井・玄場編著(2019)前掲書55ページを参照。

宣言8　医薬品の品質確保・安定供給を国に求めつつ、すべての保険者が後発医薬品の利用勧奨など、使用割合を高める取り組みを行う。

図2-2　日本健康会議「健康なまち・職場づくり宣言2020」の内容

(出所)　日本健康会議ホームページ「日本健康会議とは」より筆者作成。

宣言1　地域づくり・まちづくりを通じて、生活していく中で健康でいられる環境整備に取り組む自治体を1,500市町村以上とする。
宣言2　47都道府県全てにおいて、保険者協議会を通じて、加入者及び医療者と一緒に予防・健康づくりの活動に取り組む。
宣言3　保険者とともに健康経営に取り組む企業等を10万社以上とする。
宣言4　加入者や企業への予防・健康づくりや健康保険の大切さについて学ぶ場の提供、及び上手な医療のかかり方を広める活動に取り組む保険者を2,000保険者以上とする。
宣言5　感染症の不安と共存する社会において、デジタル技術を活用した生涯を通じた新しい予防・健康づくりに取り組む保険者を2,500保険者以上、医療機関・薬局を20万施設以上とする。

図2-3　日本健康会議「健康づくりに取り組む5つの実行宣言2025」の内容

(出所)　日本健康会議ホームページ「健康づくりに取り組む5つの実行宣言2025」(https://2025.kenkokaigi.jp/sengen) より筆者作成。

　日本再興戦略の中で取り上げられた「データヘルス計画(医療保険の保険者が保有するレセプト・健診データなどを分析・活用し、加入者の健康状態の特性を踏まえた健康づくりや重症化予防などの保健事業を行っていくための事業計画：協会けんぽ)」(詳細については本章補論を参照してください)、日本健康会議の宣言は保険者と事業所が連携して健康施策を進めるコラボヘルスの重視につながっており、データ分析に基づいた働く人の健康増進の実現が目指されています。これらについての具体的な内容については、厚生労働省保険局による2017年の発表資料[30]でみることができます。本資料は、コラボヘルスによって健康保険組合

---
30) 厚生労働省保険局 (2017)『データヘルス・健康経営を推進するためのコラボヘルスガイドライン』を参照。

が実施する「データヘルス」と、企業（事業主）が実施する「健康経営」を車の両輪のように機能させるためのガイドラインです。

　厚生労働省は2015年より健康保険加入者の健康データを活用し、そのデータ分析に基づき、個人の状況に応じた保健指導や効果的な予防・健康づくりを行うデータヘルスを推進しています（厚生労働省保険局2017：「はじめに」）。2017年の資料の中でコラボヘルスを、「健康保険組合等の保険者と事業主が積極的に連携し、明確な役割分担と良好な職場環境のもと、加入者（従業員・家族）の予防・健康づくりを効果的・効率的に実行すること」（前掲書12ページ）と定義づけています。健康保険組合「等」とは、事業組織単体に健康保険組合がない場合には、協会けんぽ（全国健康保険協会）や共済組合が保険者となるためです。保険者と事業主の連携とは、例えば、健康保険組合と事業所のスタッフ部門である健康経営推進室などとの連携、協会けんぽと事業所のスタッフ部門である総務部などとの連携があり得るかたちとなるでしょう。コラボヘルスによって健康保険組合等の保険者と事業主が連携し、保険者は保健事業を実施し、事業主は職場環境を整備するというように役割を分担することで保健事業の基盤の強化を図ることができ、保険者による保険者機能の発揮と、事業主による職場の健康経営の推進が同時に実現できることが意義としてあげられています（前掲書13ページ）。

　医療保険を運営する保険者は、加入者が健康であることが望ましく、それは、保険者にとって医療費が抑えられることは保険事業において有益であるためです。事業を営む経営者は、従業員が健康な状態で働くことが望ましく、それは、経営者にとって会社の生産性が向上することは有益であるためです。このようにコラボヘルスを実施することによって、いわば、保険者と経営者の双方において「Win-Win」の関係を構築することが可能となります。

　2018年に政府は「未来投資戦略」を発表しました。ここでは、関連する内容のKPI（重要業績評価指標）として「2020年までに国民の健康寿命を1歳以上延伸、2025年までに2歳以上延伸」、新しいKPIとして「平均寿命の増加分を上回る健康寿命の増加」という言葉が示されています。次世代ヘルスケア・システムの構築に向けて新たに講じるべく、具体的施策に勤務先や地域も含めた健康づくり、

疾病・介護予防の推進が挙げられており[31]、その中の１つに「保険者によるデータを活用した健康づくり・疾病予防・重症化予防、健康経営の推進」（図 2-4）を位置づけています。

- 保険者全体で糖尿病や透析の原因にもなる慢性腎臓病等の重症化予防の取り組みを推進するとともに、企業・保険者連携での予防・健康づくり「コラボヘルス」を推進する。加入者の健康状態や医療費、予防・健康づくりへの取り組み状況等を分析、経営者に通知する「健康スコアリング」を、全健保組合、国家公務員共済組合に対し、本年度は保険者単位、平成 32 年度以降は事業主単位で実施する。他の共済組合等の実施も検討し、来年度に結論を得る。国保・後期高齢者医療広域連合は、来年度中に開始する。
- 「地域版次世代ヘルスケア産業協議会アライアンス」等を通じた地方自治体等の健康経営顕彰のノウハウ提供や情報共有等の連携により、健康経営の中小企業等への裾野拡大を図る。また、健康経営の質の向上のため、「健康経営銘柄」や「健康経営優良法人」の選定基準を見直し、組織の活性化や女性の健康管理の視点等を盛り込む。
- AI を活用して健康診断・レセプトなどのデータを分析し、地方公共団体における保健指導を効果的に行うモデルを構築し、全国へ普及展開を図る。

図 2-4　未来投資戦略における健康経営の位置づけ

（出所）首相官邸（2018）30 ページより筆者作成。

このように 2010 年代以降、政府を中心に健康経営が政策的に検討され、展開してきました。では次に、健康経営の取り組みが実際にどのくらい広がりをみせてきているのかをみましょう。

---

31) 首相官邸（2018）「未来投資戦略 2018―『Society 5.0』『データ駆動型社会』への変革―」27-35 ページ。

コラム2

健康寿命の国別ランキングと都道府県別ランキング

健康寿命とは、「日常生活に制限のない期間」を指しています。厚生労働省の第16回健康日本21（第二次）推進専門委員会資料（2021年）によると、2019年の日本人の健康寿命は男性72.68年、女性75.38年となっています。

寿命といえばすぐに平均寿命を思い浮かべるでしょう。2019年の日本人の平均寿命は男性81.41年、女性87.45年となっています。平均寿命と健康寿命の差（＝不健康期間）が縮まることで健康寿命が延伸します。不健康期間は男性8.73年、女性12.06年という数字になります。人々の不健康はそれだけ医療や介護を消費するわけですが、それでは高齢社会における社会保障制度の持続可能性の問題を避けられず、人々が生きる中で健康に生活の質を保てるようにと登場してきた言葉です。

健康寿命には国別のランキングと都道府県別のランキングがあります。国別についてはWHO（世界保健機関）の世界保健統計で発表されており、2019年の日本は74.1年であり、世界の健康寿命ランキングで1位に輝いています（男性72.6年、女性75.5年で男女ともに1位）。都道府県別については厚生労働省が算出しており、2019年の男性の全国1位は大分県で73.72年、女性の全国1位は三重県で77.58年となっています（厚生労働省前掲資料）。

第2節　健康経営の広がりの状況

現在、日本において健康経営はどのくらい広がっているのでしょうか。それをみるためには、健康経営優良法人に認定された法人数の把握がまずなされるべきでしょう。そこで健康経営銘柄の選定および健康経営優良法人認定制度の仕組みをおさえ、今日の状況をみてみましょう。

健康経営銘柄の選定および健康経営優良法人認定の仕組み

健康経営の仕組みについて制度の概要をみていきましょう。健康経営に係る顕彰制度の全体像を図示したものが図2-5です。

第 2 章　近年における健康経営の政策的展開と広がりの状況　35

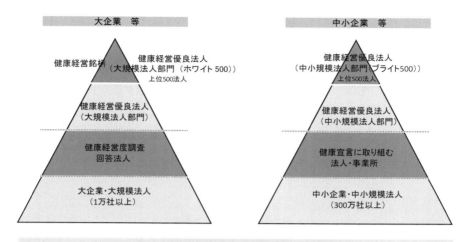

図 2-5　健康経営に係る顕彰制度の全体像

（出所）経済産業省ヘルスケア産業課（2022）「健康経営の推進について」をもとに筆者作成。

　経済産業省ヘルスケア産業課（2022）の前掲資料によれば、健康経営銘柄は、経済産業省と東京証券取引所による全 33 業種毎に 1 社の選定を原則としますが、業種の中で該当する企業がない場合、その業種からは非選定となることもありえます。健康経営銘柄の方針は、「東京証券取引所の上場会社の中から『健康経営』に優れた企業を選定し、長期的な視点からの企業価値の向上を重視する投資家にとって魅力ある企業として紹介をすることを通じ、企業による『健康経営』の取り組みを促進することを目指す」こととなっています。健康経営銘柄に選定された法人は、健康経営を普及拡大していく「アンバサダー」のような役割とともに、健康経営を行うことでいかに生産性や企業価値に効果があるかを分析し、それをステイクホルダーに対して積極的に発信していくことが求められます。
　健康経営優良法人は、大規模法人部門と中小規模法人部門とに分けられています。大規模法人部門の上位層には「ホワイト 500」、中小規模法人部門の上位層には「ブライト 500」を冠しています。健康経営優良法人の方針は、「健康経営に取り組む優良な法人を『見える化』することで、従業員や求職者、関係企業や金融機関などから『従業員の健康管理を経営的な視点で考え、戦略的に取り組んでいる法人』として社会的に評価を受けることができる環境を整備する」こととなっ

ています。大規模法人部門に認定された法人は、グループ会社全体や取引先、地域の関係企業、顧客、従業員の家族などに健康経営の考え方を普及拡大していく「トップランナー」の一員としての役割が求められます。なお、健康経営が全国的に浸透していくためには、特に地域の中小企業における取り組みを広げることが不可欠です。そこで、優良な取り組みを実施する法人を積極的に認定することで健康経営のすそ野を広げるべく、中小規模法人部門が設けられました。中小規模法人部門に認定された法人は、引き続き健康課題に応じた取り組みを実践し、地域における健康経営の拡大のために、その取り組み事例の発信等を行う役割が求められます。

表2-1は、健康経営銘柄2022および健康経営優良法人2022（大規模法人部門）の認定要件です。

表2-1　健康経営銘柄2022の選定および健康経営優良法人2022（大規模法人部門）の認定要件

大項目	中項目	小項目	評価項目	認定要件（大規模）	認定要件（銘柄・ホワイト500）
1. 経営理念・方針		健康経営の戦略、社内外への情報開示	健康経営の方針等の社内外への発信	左記①〜㉑のうち13項目以上	必須
		自社従業員を超えた健康増進に関する取り組み	①トップランナーとしての健康経営の普及		必須
2. 組織体制		経営層の体制	健康づくり責任者の役職	必須	
		実施体制	産業医・保健師の関与		
		健保組合等保険者との連携	健保組合等保険者との協議・連携		
3. 制度・施策実行	従業員の健康課題の把握と必要な対策の検討	健康課題に基づく具体的な目標の設定	健康経営の具体的な推進計画	左記①〜⑯のうち13項目以上	左記②〜⑯のうち13項目以上
		健診・検診等の活用・推進	②従業員の健康診断の実施（受診率100%）		
			③受診勧奨に関する取り組み		
			④50人未満の事業場におけるストレスチェックの実施		
	健康経営の実践に向けた土台づくり	ヘルスリテラシーの向上	⑤管理職・従業員への教育　※「従業員の健康保持・増進やメンタルヘルスに関する教育については参加率（実施率）を問っていること		
		ワークライフバランスの推進	⑥適切な働き方の実現に向けた取り組み		
		職場の活性化	⑦コミュニケーションの促進に向けた取り組み		
		病気の治療と仕事の両立支援	⑧私病等に関する復職・両立支援の取り組み		
	従業員の心と身体の健康づくりに関する具体的対策	保健指導	⑨保健指導の実施および「特定保健指導実施機会」の提供に関する取り組み　※「生活習慣予防好れる一般的な保健指導については参加率（実施率）を問っていること		
		具体的な健康保持・増進施策	⑩食生活の改善に向けた取り組み		
			⑪運動機会増進に向けた取り組み		
			⑫女性の健康保持・増進に向けた取り組み		
			⑬長時間労働者への対応に関する取り組み		
			⑭メンタルヘルス不調者への対応に関する取り組み		
		感染症予防対策	⑮感染症予防に向けた取り組み		
		喫煙対策	⑯喫煙率低下に向けた取り組み		
			受動喫煙対策に関する取り組み	必須	
4. 評価・改善		健康経営の推進に関する効果検証	健康経営の実施についての効果検証	必須	
5. 法令遵守・リスクマネジメント			定期健診の実施、50人以上の事業場においてストレスチェックを実施していること、労働基準法または労働安全衛生法に係る違反により送検されていないこと、等。　※誓約事項参照	必須	

（出所）経済産業省ヘルスケア産業課（2022）前掲資料より転載。

健康経営銘柄の選定および健康経営優良法人（大規模法人部門）の認定にあたっては、まず、経済産業省が実施する従業員の健康管理に関する取り組みや、その成果を把握するための「従業員の健康に関する取り組みについての調査」（健康経営度調査）に回答し、日本健康会議認定事務局への申請が法人に求められます。2014年度より行われている健康経営度調査への回答数は年々増えてきています（表2-2）。2021年度においては、日経平均株価を構成する225社のうちの8割以上が健康経営度調査に回答している状況です。

表2-2　大規模法人による健康経営度調査への回答数の推移

	2014年度	2015年度	2016年度	2017年度	2018年度	2019年度	2020年度	2021年度
健康経営優良法人（大規模法人部門）回答数	493	573	726	1,239	1,800	2,328	2,523	2,869

（出所）経済産業省ヘルスケア産業課（2022）前掲資料より筆者作成。

続いて、表2-3は健康経営優良法人2022（中小規模法人部門）の認定要件です。

健康経営優良法人（中小規模法人部門）の認定にはまず、加入している保険者（協会けんぽ、健康保険組合連合会、国保組合等）が実施している健康宣言事業への参加が必要となっています。（ただし、加入している保険者が健康宣言事業を実施していない場合は、各自治体が実施する健康宣言事業への参加をもって代替可能であり、保険者と自治体のいずれも健康宣言事業を実施していない場合は、自社独自の健康宣言の実施をもって代替可能。）そのうえで、自社の取り組み状況を確認し、中小規模法人部門の認定基準に該当する具体的な取り組みを申請書に記載し、日本健康会議認定事務局へ申請し、認定審査を受けるかたちとなります。中小規模法人による申請数は2016年の開始以降、大規模法人部門を上回るペースで年々増えてきています（表2-4）。

表 2-3　健康経営優良法人 2022（中小規模法人部門）の認定要件

大項目	中項目	小項目	評価項目	認定要件
1. 経営理念・方針			健康宣言の社内外への発信・経営者自身の健診受診	必須
2. 組織体制			健康づくり担当者の設置	必須
			（求めに応じて）40歳以上の従業員の健診データの提供	必須
3. 制度・施策実行	従業員の健康課題の把握と必要な対策の検討	健康課題に基づいた具体的な目標の設定	健康経営の具体的な推進計画	必須
		健診・検診等の活用・推進	①従業員の健康診断の受診（受診率実績100%）	左記①〜③のうち2項目以上
			②受診勧奨に関する取り組み	
			③50人未満の事業場におけるストレスチェックの実施	
	健康経営の実践に向けた土台づくり	ヘルスリテラシーの向上	④管理職・従業員への教育	左記④〜⑦のうち1項目以上
		ワークライフバランスの推進	⑤適切な働き方の実現に向けた取り組み	
		職場の活性化	⑥コミュニケーションの促進に向けた取り組み	
		病気の治療と仕事の両立支援	⑦私病等に関する両立支援の取り組み	
	従業員の心と身体の健康づくりに関する具体的対策	保健指導	⑧保健指導の実施または特定保健指導実施機会の提供に関する取り組み	左記⑧〜⑮のうち4項目以上
		具体的な健康保持・増進施策	⑨食生活の改善に向けた取り組み	
			⑩運動機会の増進に向けた取り組み	
			⑪女性の健康保持・増進に向けた取り組み	
			⑫長時間労働者への対応に関する取り組み	
			⑬メンタルヘルス不調者への対応に関する取り組み	
		感染症予防対策	⑭感染症予防に関する取り組み	
		喫煙対策	⑮喫煙率低下に向けた取り組み	
			受動喫煙対策に関する取り組み	必須
4. 評価・改善			健康経営の取り組みに対する評価・改善	必須
5. 法令遵守・リスクマネジメント			定期健診を実施していること、50人以上の事業場においてストレスチェックを実施していること、労働基準法または労働安全衛生法に係る違反により送検されていないこと、等　※誓約事項参照	必須

※ブライト500は左記①〜⑮のうち13項目以上

上記のほか、「健康経営の取り組みに関する地域への発信状況」と「健康経営の評価項目における適合項目数」を評価し、上位500法人を健康経営優良法人2022（中小規模法人部門（ブライト500））として認定する。

（出所）経済産業省ヘルスケア産業課（2022）前掲資料より転載。

表 2-4　中小規模法人による申請数の推移

	2016年度	2017年度	2018年度	2019年度	2020年度	2021年度
健康経営優良法人（中小規模法人部門）申請数	397	816	2,899	6,095	9,403	12,849

（出所）経済産業省ヘルスケア産業課（2022）前掲資料より筆者作成。

健康経営銘柄の選定および健康経営優良法人の認定状況

　さて、どのくらいの法人が健康経営銘柄に選定、健康経営優良法人に認定されているのかという状況が気になるところです。まず、健康経営銘柄の選定状況をみてみましょう。開始年度であった2014年度には、経済産業省と東京証券取引所が業種区分（33業種）毎に優れた取り組みを1社選定する方法で22社を選定

しています[32]。経済産業省ヘルスケア産業課(2022)の前掲資料によれば、2021年度には32業種から50社が選定されています。2022年度には31業種から49社、最新の2023年度は27業種から53社が選定されました。表2-5は、直近3年間の2021年度（健康経営銘柄2022）、2022年度（健康経営銘柄2023）、2023年度（健康経営銘柄2024）において健康経営銘柄に選定された企業の一覧です。

　次に、健康経営優良法人（大規模法人部門および中小規模法人部門）の認定数の推移をみてみましょう（表2-6）。開始した2016年度は大規模法人部門で235法人、中小規模法人部門で318法人が認定されました。直近3年間をみると、2021年度（健康経営優良法人2022）には大規模法人部門で2,299法人、中小規模法人部門で1万2,255法人が認定され、中小規模法人部門で1万という数字を超えました。2022年度（健康経営優良法人2023）には大規模法人部門で2,676法人、中小規模法人部門で1万4,012法人が、最新の2023年度（健康経営優良法人2024）には大規模法人部門で2,988法人、中小規模法人部門で1万6,733法人が認定されています。

　このように、健康経営優良法人に認定される法人の数は開始年度以降、大規模法人部門、中小規模法人部門ともに毎年着実に増えてきています。

---

32) 日本取引所グループ「平成26年度『健康経営銘柄』」(https://www.jpx.co.jp/news/0010/nlsgeu000000tlln-att/nlsgeu000000tlpt.pdf)を参照。

表 2-5 2021-2023年度における健康経営銘柄選定企業

2021年度	2022年度	2023年度
日本水産株式会社（4）	株式会社ニッスイ（5）	石油資源開発株式会社（1）
マルハニチロ株式会社（1）	株式会社INPEX（4）	株式会社ヤクルト本社（1）
株式会社INPEX（3）	日本国土開発株式会社（3）	明治ホールディングス株式会社（2）
高砂熱学工業株式会社（1）	明治ホールディングス株式会社（1）	サントリー食品インターナショナル株式会社（2）
アサヒグループホールディングス株式会社（5）	アサヒグループホールディングス株式会社（6）	味の素株式会社（6）
株式会社ゴールドウイン（1）	サントリー食品インターナショナル株式会社（1）	大王製紙株式会社（3）
大王製紙株式会社（2）	株式会社ニチレイ（1）	株式会社トクヤマ（1）
積水化学工業株式会社（2）	株式会社ゴールドウイン（2）	花王株式会社（9）
花王株式会社（8）	ニッポン高度紙工業株式会社（3）	第一工業製薬株式会社（5）
第一工業製薬株式会社（3）	株式会社トクヤマ（1）	富士フイルムホールディングス株式会社（4）
富士フイルムホールディングス株式会社（2）	第一工業製薬株式会社（4）	ライオン株式会社（2）
協和キリン株式会社（1）	富士フイルムホールディングス株式会社（3）	中外製薬株式会社（1）
出光興産株式会社（1）	ライオン株式会社（1）	小野薬品工業株式会社（2）
住友ゴム工業株式会社（1）	協和キリン株式会社（2）	第一三共株式会社（1）
日本特殊陶業株式会社（1）	出光興産株式会社（2）	出光興産株式会社（3）
JFEホールディングス株式会社（2）	ニッタ株式会社（1）	ニッタ株式会社（2）
古河機械金属株式会社（1）	TOTO株式会社（8）	TOTO株式会社（9）
株式会社SUMCO（1）	株式会社神戸製鋼所（4）	大同特殊鋼株式会社（2）
日東精工株式会社（2）	古河電気工業株式会社（2）	株式会社UACJ（1）
アネスト岩田株式会社（1）	住友電気工業株式会社（2）	株式会社SUMCO（3）
コニカミノルタ株式会社（7）	株式会社SUMCO（2）	DMG森精機株式会社（1）
株式会社明電舎（2）	アネスト岩田株式会社（2）	アネスト岩田株式会社（3）
オムロン株式会社（4）	オムロン株式会社（5）	ブラザー工業株式会社（5）
日本電気株式会社（1）	セイコーエプソン株式会社（2）	株式会社正興電機製作所（1）
セイコーエプソン株式会社（1）	浜松ホトニクス株式会社（1）	セイコーエプソン株式会社（3）
株式会社アドバンテスト（1）	キヤノン株式会社（5）	株式会社SCREENホールディングス（1）
キヤノン株式会社（4）	トヨタ自動車株式会社（2）	テルモ株式会社（8）
豊田合成株式会社（1）	株式会社島津製作所（3）	大日本印刷株式会社（4）
株式会社島津製作所（2）	ヤマハ株式会社（2）	大阪ガス株式会社（2）
ヤマハ株式会社（1）	大阪ガス株式会社（1）	近鉄グループホールディングス株式会社（1）
北海道電力株式会社（1）	株式会社商船三井（1）	日本航空株式会社（6）
東海旅客鉄道株式会社（1）	日本航空株式会社（5）	ANAホールディングス株式会社（3）
株式会社商船三井（2）	ANAホールディングス株式会社（2）	ソフトバンク株式会社（2）
日本航空株式会社（4）	ウイングアーク1st株式会社（1）	株式会社DTS（2）
Zホールディングス株式会社（4）	ソフトバンク株式会社（1）	株式会社KSK（6）
株式会社DTS（1）	株式会社KSK（5）	SCSK株式会社（10）
株式会社KSK（4）	SCSK株式会社（9）	株式会社NSD（1）
SCSK株式会社（8）	丸红株式会社（2）	双日株式会社（2）
株式会社TOKAIホールディングス（7）	豊田通商株式会社（3）	伊藤忠商事株式会社（3）
豊田通商株式会社（2）	三井物産株式会社（1）	丸红株式会社（3）
株式会社丸井グループ（5）	株式会社丸井グループ（6）	豊田通商株式会社（4）
株式会社愛知銀行（1）	株式会社三井住友フィナンシャルグループ（1）	キヤノンマーケティングジャパン株式会社（3）
株式会社大和証券グループ本社（8）	野村證券株式会社（1）	株式会社丸井グループ（7）
SOMPOホールディングス株式会社（4）	東京海上ホールディングス株式会社（8）	株式会社しずおかフィナンシャルグループ（1）
東京海上ホールディングス株式会社（7）	リコーリース株式会社（1）	株式会社大和証券グループ本社（9）
リコーリース株式会社（6）	三井不動産株式会社（1）	野村證券株式会社（1）
東急不動産ホールディングス株式会社（3）	株式会社パソナグループ（1）	第一生命ホールディングス株式会社（2）
株式会社ベネフィット・ワン（3）	株式会社バリューHR（3）	株式会社ジャックス（1）
株式会社バリューHR（2）	株式会社アドバンテッジリスクマネジメント（2）	野村不動産ホールディングス株式会社（1）
株式会社アドバンテッジリスクマネジメント（1）		株式会社ディー・エヌ・エー（3）
		H.U.グループホールディングス株式会社（1）
		ユーピーアール株式会社（1）
		株式会社アドバンテッジリスクマネジメント（3）

（出所）経済産業省ホームページ「ニュースリリース」（https://www.meti.go.jp/press/index.html）より筆者作成。
　　　表中の各社名に付している括弧の数字は選定回数を示している。

表2-6 健康経営優良法人（認定数）の推移

	2016年度	2017年度	2018年度	2019年度	2020年度	2021年度	2022年度	2023年度
健康経営優良法人（大規模法人部門）	235法人	539法人	813法人	1,473法人	1,801法人	2,299法人	2,676法人	2,988法人
健康経営優良法人（中小規模法人部門）	318法人	775法人	2,501法人	4,811法人	7,934法人	12,255法人	14,012法人	16,733法人

（出所）経済産業省ヘルスケア産業課（2022）前掲資料より。2022年度および2023年度については経済産業省ホームページ「健康経営」を参照して筆者作成。

第3節　現在の課題

より多くの法人が参加するために必要なこと

　ここまでみてきたように、健康経営優良法人の認定を得る法人は確かに増加してきた事実はありますが、しかし、その数は法人全体のうちの一部であり、決して多くはありません。前節で示した図2-5の下の部分にあるように、日本にはまだまだ多くの大規模法人、中小規模法人が存在します。社会では株式会社の企業が目立ちますが、それ以外にもさまざまな法人があります。健康経営度調査への回答・健康経営優良法人への申請数に対する認定数の割合＝認定率の高さもまた、それだけ認定制度に参加していない法人が多数あることを裏づけています。

　より多くの法人が参加するためには、「健康経営®」の発起人である岡田邦夫氏も強調していたことですが、何といっても経営者が従業員の健康に投資をする必要性を意識することが重要で、そうした健康経営に対する経営者の理解が求められます。そのためには、健康経営の意義を経営者によく知ってもらう必要があります。

　実際の職場で健康経営はどのように認識されているのでしょうか。近年において実施されている健康経営に関する2つのアンケート調査の結果をみてみましょう。

　生命保険事業を展開するアクサ生命保険株式会社は、2020年7月に「従業員を対象とした日常の悩みやストレスに関する実態調査」[33]を実施しています。「健康

---

[33] 従業員数300名以下の中小企業で働く会社員（日本全国の20代以上の男女1,030名、経営層を除く）に、仕事や職場でのストレスと、健康経営の認知度や取り組みについてインターネットを使用してアンケートを行った。アクサ生命保険株式会社ホームページ（https://www.axa.co.jp/company/hpm/axa-way/survey/）を参照。

経営という言葉を聞いたことがありますか」との質問に、「ある」と回答したのは12.9％だったとのことです。「健康経営という言葉を聞いてどのような企業の取り組みを連想しますか」との質問については、「安心して働ける環境づくり」が約55％、「社員のワーク・ライフ・バランスの維持」が約52％と半数を超えていますが、健康経営の実践において重要である「経営者の想い・理念の浸透」は約9％と少なく、生産性の向上に影響を与える取り組みを多くの人が連想する結果になっていないことがうかがえます。

次に、同じく大同生命保険株式会社は、2021年9月に中小企業の経営者に向けたアンケート調査「大同生命サーベイ」[34]を実施しています。「健康経営の認知度」について「健康経営の意味や内容を知っている」との回答は22％でした。反対に、「聞いたことがない、知らない」は31％でした。このことから、認知度はまだまだ高くないことがうかがえます。「健康経営を実践するうえでの課題」については、「企業として従業員個人の健康にどの程度関与してよいかの判断が難しい」との回答が31％と最多でした。他に「自社にノウハウがない」が22％、「時間・人手がない」が20％というように、すんなりと始められない事情がみえてきます。

もちろん、経営者だけが一方的に意気込みを示しても意味がありません。職場で働く従業員に積極的に参加してもらうことも重要です。

このことについて、企業における健康経営の具体的な活動に着目し、働く人の健康増進のための今後の課題を提示している栗林勝・月間紗也氏による2018年の発表論文は示唆的です。企業では実際に健康行動を促進させる取り組みとして、働く環境改善（例えば朝方勤務の導入）、教育によるヘルスリテラシー向上（例えばイントラネットでの心理教育の実施）、インセンティブの導入（例えば健康増進アクション手当の支給）などが行われていますが、**従業員の参加率が低調**であるという問題があるといいます。そこで、従業員のコミットメントを高めるためにいかに情報を伝えていくか、**問題意識の低い従業員をどのようにして参加させることができるか、忙しい従業員にどのようにして健康行動を促していくか**

34）全国1万65社の企業経営者を対象に訪問、面談調査を実施した。大同生命保険株式会社「中小企業経営者アンケート『大同生命サーベイ』2021年9月度調査レポート」(https://www.daido-life.co.jp/knowledge/survey/pdf/202109.pdf)を参照。

が大きな課題であるということです。そこで、対象者を健康増進活動にコミットメントさせるために、効果的に従業員の行動を変容させるテクニック（行動科学テクニック）に加えて、対象者それぞれの行動変容ステージをアセスメントし、対象者の行動変容ステージが低い場合には有用なインセンティブを提示するような工夫が必要であり、また、対象者が自己効力感を高めることや忙しさへの対策としての「働き方改革」の推進は、健康行動への取り組みやすさにつながるといいます[35]。

このように、企業における健康増進活動には職場で働く人々の参加には課題があり、働く人々を健康増進活動にコミットメントさせるための方法を科学的に考えていくことが重要なのです。

また、本章章末の補論で取り上げているように（協会けんぽ広島支部と広島県をその対象としているのは、筆者の本書執筆時点の勤務先が広島県内に所在する大学であるためです）、主に多くの中小規模法人の医療保険引受人である協会けんぽの都道府県支部や都道府県といった自治体が健康経営推進の音頭をとることも、あらゆる法人の取り組みを拡大していくために必要不可欠なことであると言えます。

コラム3

社会が後押しする健康経営

先に政府系金融機関による健康経営の推進例を挙げましたが、民間の銀行や保険会社でも各種法人に対して健康経営を推進していることがうかがえます。

ある地方銀行では2015年より「健康経営評価融資制度」の運用を行っています。これは、企業の「健康経営」への取り組み度合いを銀行独自の評価ツールにより、「S」、「A」、「B」、「C」の4段階で評価し、「B」以上と評価された場合に利用可能となる融資制度です。評価結果と資金使途に応じ、最大で年1.1%の金利が引下がるということです（当銀行関係資料を参照）。

また、ある生命保険会社では、東京商工会議所が創設した認定資格の取得

---

[35] 栗林勝・月間紗也（2018）「企業における健康経営の現状」『心身医学』Vol.58 No.3、255-260ページ。

者である健康経営アドバイザーを全国に配置し、企業ごとに健康課題を特定し、実践アドバイス、顕彰取得のサポートなどを通じて働く人の幸せな人生の実現と企業の永続的発展に寄与する活動を行っています。通常の健康経営の範囲である健康管理・健康増進や心の健康だけではなく、夢や生きがいライフプランなど「社会的な健康」まで含めた「人の健康」あるいは「企業の健康」といった「トータルな健康」を実現することを目指しています。当生命保険会社は全国各地の自治体、協会けんぽ都道府県支部、商工会議所等と健康経営や健康づくりに関する連携協定や覚書を締結しており、地域社会の活性化の一助となるよう自治体等と密接に連携・協働し、全国各地の事業者の健康経営実践と市民の健康づくりを継続的にサポートしています（当生命保険会社のホームページを参照）。

　また、あるスポーツクラブでは、企業や自治体、地域の人々の健康寿命を延ばすために、長年のスポーツ事業展開で蓄積したノウハウとスキルで正しく楽しい健康づくりのサポートを手掛けています。具体的には、「1. 課題ヒアリング＆改善提案（現状の課題抽出および改善のポイントの明確化）」、「2. 企画立案、計画作成（各課題に対するプランの提案）」、「3. プロモーション支援（ポスター・チラシの用意）」、「4. 健康づくりプログラム実践（正しく楽しい健康づくりプログラムの提供）」、「5. 継続フォロー（継続できる仕組みの提供）」、「6. 施策の効果検証・現状確認（取得データをもとに現状の確認）」というフローによって職場の健康づくり支援事業を展開し、さまざまな健康づくり支援事業者と連携しながら、保険者や企業に対して健康経営の支援を行っており、まさに健康ソリューション企業としての役割を担っています（当スポーツクラブのホームページを参照）。

　このように、職場が健康経営を取り組めるよういろいろな社会の後押しがあるのです。

　以上のように本章では、2010年代に入って国民の健康寿命の延伸の一環として日本で健康経営が政策的に展開してきたことをみてきました。今日では経済産業省が開始した健康経営銘柄の選定や健康経営優良法人の認定が、次第に認識を広めてきています。広がりの状況にはまだまだ課題がありますが、保険者、自

治体による推進やコラム3に示したような銀行、保険会社、スポーツクラブの後押しが実際に行われる時代になってきています。ありがちなことですが、健康経営銘柄に選定されることや健康経営優良法人に認定されることだけが目的となってはいけません。選定や認定の事実は確かに立派にちがいありませんが、それに満足せず、職場として継続的に働く人の健康増進に取り組み、課題を認識し、効果を上げていくことにこそ意義があるのです。健康経営の政策的展開は、単に働く人の健康増進そのことだけを考慮しているのではなく、ビジネスの活性化も期待してのことなのです。職場では「生産性の向上」と働く人々の「モチベーションの向上」が、良き経営を展開していく上で重要なことです。健康経営は、その実践内容次第でこの2つのことが叶えられうるものなのです。そのため、健康経営に対する経営者の認識が大切ですが、職場で働く人々も同じようにその重要性を共有する必要があります。

　次章では、なぜ職場に働く人々の健康と生産性のマネジメントへのコミットが求められるのか、すなわち健康経営が現在の日本の職場で求められる背景についてみていきます。

補論　保険者および自治体による健康経営推進の仕組み

☆協会けんぽ広島支部による健康経営推進事例[36]

　協会けんぽ（全国健康保険協会）は、2008年にそれまでの政府管掌健康保険を引き継いで設立された保険者組織です。2022年度末時点で約4,000万人の事業所従業員およびその家族が加入者であり、主に中小企業等約260万事業所が加入する日本最大の医療保険引受人です。協会けんぽは、本部（東京都新宿区）と全国47都道府県支部で構成しています。本部に運営委員会、支部に評議会を設け、それぞれ事業主・被保険者・学識経験者が参画し、運営に関する重要事項

---

36) 筆者は2020年3月に協会けんぽ広島支部を訪問し、保険者としての健康経営に関する取り組み内容についてヒアリングを行った。このことを橋村政哉（2020）「健康経営の広まりと人的資源管理への効果—保険者（協会けんぽ）の視点からの考察—」『日本労務学会誌』第21巻第1号、37-47ページの中で発表している。本補論の内容はこれをもとに記述しているが、必要に応じて加筆修正していることを予め述べておく。

の審議を行っています[37]。本補論では、協会けんぽ広島支部が展開する健康経営推進の仕組みに着目します。

　協会けんぽ広島支部は、広島県広島市に所在しています。協会けんぽの都道府県支部は、地域の実情を踏まえて保険運営の企画、保険給付、保健事業（予防）の、大きく3つの事業を実施しています。広島支部には広島県内の実情を踏まえた運営が求められます。広島県の人口は約280万人ですが、そのうち協会けんぽの加入者は従業員本人が約60万人、家族を含めると約100万人にもなります。

　広島県はかつて、県民に健診率の低さや「何かあった時は病院に行けばよい」という意識そのものの低さがあり、健康に関して後進県と言っても過言ではありませんでした。それゆえ、健診（検診）受診勧奨が必要だったのです。そこで、協会けんぽ広島支部は「健康づくりの好循環」（図2補-1）の構築に向けて各種の事業を実施してきています。その中でも「広島支部データヘルス計画」が重要な位置づけとなっています。2008年の協会けんぽ発足当初から保険者機能を発揮し、医療費の適正化、加入者の健康増進についてさまざまな取り組みを継続的・経年的に行ってきていますが、始めて暫くは対象者を対個人として進めてきたため、実施判断を個人に委ねざるを得ず、思ったような効果が上がらなかったと言います。2013年に政府が「日本再興戦略」の1つとしてデータヘルス計画を打ち出したことにともない、健康保険法に基づく保健事業の実施等に関する指針が一部改正され、保険加入者に対して保健事業を効果的かつ効率的に実施するため、レセプトデータおよび健診結果等の分析から健康課題を把握し、目標値の設定を含めた事業の企画・実施および評価にかかる計画を策定し、その実施にあたっては、より効果の高い事業を事業主と連携して行うこと、すなわちコラボヘルスの推進が求められるようになりました。こうして広島県においても広島支部データヘルス計画が策定されることとなったのです。その初期に位置づけられる「広島支部データヘルス計画スケジュール第1期」は、2013年度から2017年度までの5カ年の計画でした。この間実際に、協会けんぽ広島支部は各事業所の健康課題への

---

[37] 協会けんぽホームページ「全国健康保険協会とは」（https://www.kyoukaikenpo.or.jp/about/cat710/）、協会けんぽ（全国健康保険協会）「令和4年度事業報告書」10-11ページを参照。

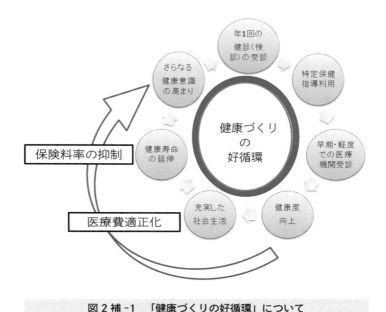

図 2 補 -1　「健康づくりの好循環」について

（出所）協会けんぽ広島支部関係資料をもとに筆者作成。

保健事業の提案を行い、事業主と協働で保健事業を行ってきました。

　また、協会けんぽ広島支部はデータヘルス計画の一環として「ヘルスケア通信簿®」（図2補-2）を独自に開発しています。これは、「安定した経営は従業員の健康づくりから」というコンセプトで行われています。ヘルスケア通信簿は、事業所ごとに作成される、事業所ごと業種ごとの分析結果のランキングが表される、経年的な比較ができる、個人が特定されないことが特徴です。ヘルスケア通信簿では医療費、健診の受診率と保健指導の実施率、糖尿病/高血圧/脂質異常症のグラフ、生活習慣レーダーチャートの状況が把握できるようになっています。これによって県内の事業所における相対的な位置を一目で知ることができます。いわば健康状況の成績通知表のようなものです。同じくデータヘルス計画の一環として、協会けんぽ広島支部は事業主が主体となり「事業所の特性に応じた保健事業」、すなわち事業主が事業所での健康づくりを進めるうえでのサポート事業を行ってきました。サポート事業としては、「健康づくりに関する情

貴社の医療費

○加入者(従業員+家族)1人あたりの　　　　　　　196位／　210事業所(卸売業)
月平均医療費の比較(0～74歳)　　　　　　　　　3,182位／　3,442事業所(従業員30人以上)

| 27年度 | 172名 | 28年度 | 178名 | 29年度 | 182名 |

単位：円

	医療費	入院	入院外	歯科
全国平均(29年度)	14,579	4,183	8,770	1,626
広島支部平均(29年度)	14,505	4,123	8,891	1,492
貴社 27年度	16,486	2,216	12,555	1,715
貴社 28年度	14,239	2,239	10,472	1,528
貴社 29年度	22,265	8,468	12,185	1,612
業種別平均(広島29年度)	14,364	3,958	8,755	1,651

貴社の29年度総医療費：　48,696,370円　（入院　18,519,670円／入院外　26,650,330円／歯科　3,526,370円）

○従業員(被保険者)1人あたりの　　　　　　　　118位／　210事業所(卸売業)
月平均医療費の比較(0～74歳)　　　　　　　　　1,753位／　3,442事業所(従業員30人以上)

| 27年度 | 73名 | 28年度 | 79名 | 29年度 | 83名 |

単位：円

	医療費	入院	入院外	歯科
全国平均(29年度)	14,356	3,947	8,684	1,724
広島支部平均(29年度)	14,729	4,043	8,915	1,771
貴社 27年度	16,867	3,794	11,292	1,781
貴社 28年度	11,672	492	9,773	1,407
貴社 29年度	12,205	1,442	8,892	1,871
業種別平均(広島29年度)	14,529	3,943	8,812	1,774

貴社の29年度総医療費：　12,205,670円　（入院　1,442,470円／入院外　8,892,030円／歯科　1,871,170円）

図2補-2　ヘルスケア通信簿の一例

(出所)　前掲資料。

報提供（健康づくりの好事例紹介、メールマガジン・健康保険委員研修、講座開催、健康づくりに関する資料提供）」、「健康課題の把握（生活習慣病予防健診、ヘルスケア通信簿の提供、歯周病検査、COPD（慢性閉塞性肺疾患）予防）」、「生活習慣の改善サポート（特定保健指導・糖尿病重症化予防、スポーツクラブ法人利用）」を3つの柱としています。例えば、この中の健康づくりの好事例を紹介する「ひろしま企業健康宣言好事例集」は、多くの企業に他社の先進事例を参考にしてもらうことをねらいとしています。筆者も本補論および本書第4章を記述するにあたり活用させてもらいました。

　健康経営に関しては、2018年度から6カ年にわたる協会けんぽ広島支部の

「第2期広島支部データヘルス計画」の目標の中の1つに据えられました（図2補-3）。下位目標に位置づけられている「コラボヘルスの推進⇒健康経営の推進」がそれにあたります。

　協会けんぽ広島支部の健康経営の推進目標として、1つ目に「ひろしま企業健康宣言」事業所について2023年度末において累計2,000社とすること、2つ目に健康保険委員委嘱者数を2023年度末において6,000名とすること、3つ目に自治体や関連団体と連携し、セミナーや周知広報を実施することで健康経営に関する認知度の向上を図ることが掲げられました。

　1つ目の「ひろしま企業健康宣言」とは、参加企業の健康増進に向けて協会けんぽ広島支部が参加企業をサポートし、認定を行うものです。2016年度より加入

●上位目標
　生活習慣病の重症化予防
　（重度高血圧者の割合を全国平均に近づける・新規透析導入者を年間450人より増加させない）

●中位目標
　○生活習慣病未治療率を、高血圧未治療割合47.5％、糖尿病未治療割合37.0％、脂質異常症割合75.0％まで低下させる
　○糖尿病性腎症2期4200人、3期2000人、4期100人の各病期の人数を増加させない

●下位目標
　○健診受診率の向上と特定保健指導実施率の向上
　○糖尿病重症化予防
　○高血圧重症化予防
　○コラボヘルスの推進　⇒　健康経営の推進

図2補-3　第2期広島支部データヘルス計画の内容

（出所）前掲資料。

事業所に6項目（①経営者が率先し、健康づくりに取り組むこと、②健康づくり担当者を設置すること、③会社の健康課題を把握し、改善に努めること、④協会けんぽと連携し、健康づくりの発展を図ること、⑤労働基準法、労働安全衛生法などの法令を遵守すること、⑥健康づくりに向けての取り組みを実施すること）の「健康宣言」を表明してもらうよう推進しています。筆者がヒアリングを行った2020年時点では1,426社の宣言（エントリー）がありました。2023年には4,000社を超えており、広島県内に5万社以上ある協会けんぽ関係企業のうちの1割近くの企業が宣言（エントリー）しています。協会けんぽ広島支部はエントリーの審査を行った後に、各事業所に「ひろしま企業健康宣言証」を送付します。この宣言証を有する事業所は自社の健康課題を把握したうえで、健康経営を始めることになります。健康課題はエントリー時のチェックシート、従業員の健康診断結果、先に示したヘルスケア通信簿で把握します。各事業所は年に1回、協会けんぽ広島支部より送付される振り返り用のチェックシートを用いて取り組みを顧みます。これをもとに協会けんぽ広島支部は審査を行います。この審査を通過した事業所には、「ひろしま企業健康宣言認定証」が送られます。2023年度の認定は2022年度の取り組みをもとに行い、チェックシートを送付した事業所のうち1,979社が健康づくり優良事業所に認定されています。この「ひろしま企業健康宣言」は、全国レベルである「健康経営優良法人認定制度」へのステップアップも可能となっています。

　2つ目の健康保険委員の委嘱について、健康保険委員委嘱者とは、従業員の健康増進を推進するために企業の従業員と協会けんぽの橋渡しの役割を担う存在です。委嘱者は主に、総務や人事労務部門をはじめとする事務担当者です。委嘱者数は2020年2月末時点で5,456名でした。2023年時点で約11,000名となっており、当初の目標を大きく超えています。

　3つ目の認知度向上に向けては、協会けんぽ広島支部は広島県内企業の健康経営の普及促進を図ることを目的として経営者、人事労務担当者を対象とした健康経営セミナーを随時開催しています。

　協会けんぽは、数多くの中小企業等で働く従業員（その家族も含む）に健康保険証を発行しています。保険事業を運営している機関であるがゆえ、医療費の適

正化は非常に重要な問題です。そのためには加入者がいかに健康であるかが肝要であり、事業所に健康経営を行うよう推進しているわけです。以上みてきた協会けんぽ広島支部の健康経営に関する取り組みは、加入者の健康度の向上とそれにともなう医療費適正化がそもそもの目的ですが、それは同時に中小企業等にも保険料率が抑えられるという良い影響を与えることになりうるのです。

☆広島県による健康経営推進の仕組み

　広島県もまた、健康経営を推進しています。広島県のホームページに公開されていますが、県では広島県健康経営優良企業表彰制度として、協会けんぽ広島支部が実施する「ひろしま企業健康宣言」に認定された企業の中から健康経営の取り組みがとくに優秀な企業を選定し、年度毎に県知事からの表彰を行っています。図2補-4はその制度を示したものです。

　知事表彰の対象は、「ひろしま企業健康宣言」にエントリーし、健康づくり優良事業所として認定を受けている健康経営に積極的に取り組む企業です。そして、「ひろしま企業健康宣言」認定企業の中から、知事表彰候補企業が選定されます。知事表彰の基準は、活動実績において取り組みが顕著な企業であって2年以

図2補-4　広島県健康経営優良企業表彰制度について

（出所）広島県ホームページ「健康経営の推進」（https://www.pref.hiroshima.lg.jp/site/kenkoukeiei/kenkokeiei-hyosyo.html）より筆者作成。

上の活動歴を有するもので、過去に同一の活動により知事表彰または大臣表彰を受けている場合は対象から除かれるということです。協会けんぽ広島支部からの推薦調書に基づき、広島県が設置する審査会の審査において特に優秀な企業が知事表彰企業に選出されます。2020年度より、このような審査のプロセスを経て毎年度3社（2023年度までで計12社）が広島県知事により表彰されています（広島県ホームページを参照）。ちなみに、本書第4章で取り上げている法人4社（株式会社オガワエコノス、ベンダ工業株式会社、株式会社マエダハウジング、社会福祉法人アンダンテ）はいずれも、この広島県の表彰経験を有しています。

第3章　健康経営の実践が職場で求められる背景

第1節　労働課題への対応
第2節　働く人の健康の可視化
第3節　投資判断材料としての働く人の健康
第4節　第3章のまとめ

第3章

健康経営の実践が職場で求められる背景

　企業は経営を行っていくうえで、生産性を抜きにしては語れません。また、仕事にあたる働く人々のモチベーションを高めることも同様に大切です。現在の日本の職場の状況に目を向けると、依然としてこれらのことをめぐって問題が残っています。中には人の健康に負の影響を与えることもあります。そのためまずは、目の前の労働課題に向き合わなければなりません。ここ数年来、日本では人手不足が言われ続けています。それだけに、1人の働き手の健康というものは職場において配慮の対象となるのです。最近では、「従業員の健康」が投資家の投資判断材料になってきました。ゆえに、職場にはこうしたことへの対応が求められており、健康経営が注目されています。

第1節　労働課題への対応

働き方改革

　「働き方改革」という言葉自体は誰しもがよく見聞きしてきたもののように思いますが、その内容を問われると、意外と詳しく答えられないのではないでしょうか。「働き方改革」の内容は図3-1に示されているように11の項目にわたっており、非常に幅広い問題であり、政府(働き方改革実現会議)が検討を重ねてきたことが特徴です。それだけ日本の職場には、なかなか解決されない労働課題が残されてきたということなのです。

　これらのことについては労働法の改正に関わっており、いずれも重要であることに違いはありませんが、とりわけ、1つ目の「同一労働同一賃金など非正規

```
1   同一労働同一賃金など非正規雇用の処遇改善
2   賃金引上げと労働生産性向上
3   罰則付き時間外労働の上限規制の導入など長時間労働の是正
4   柔軟な働き方がしやすい環境整備
5   女性、若者の人材育成など活躍しやすい環境整備
6   病気の治療と仕事の両立
7   子育て、介護等と仕事の両立、障害者の就労
8   雇用吸収力、付加価値の高い産業への転職・再就職支援
9   誰にでもチャンスのある教育環境の整備
10  高齢者の就業促進
11  外国人材の受け入れ
```

図3-1 「働き方改革」の主な内容

（出所）働き方改革実現会議（2017）「働き方改革実行計画（概要）」（https://www.kantei.go.jp/jp/headline/pdf/20170328/05.pdf）より一部をあらためて筆者作成。

雇用の処遇改善」や、3つ目の「罰則付き時間外労働の上限規制の導入など長時間労働の是正」が全体の中でも改革の目玉と言われてきました。以下では、本書のテーマである健康経営に関わる内容に焦点をあててみていきます。

低位の労働生産性

　労働生産性の問題は、前掲図3-1「働き方改革」の中で2つ目の「賃金引上げと労働生産性向上」として挙げられています。

　まず、賃金引上げに関してですが、日本で働く人々がどれくらいの年収を得ているかを把握するにあたっては、平均賃金のデータが参考になります。OECD（経済協力開発機構）による1995年から2020年までの日本の平均賃金の推移（ドル換算）を5年刻みでみたところ、1995年：$41,013、2000年：$41,428、2005年：$41,936、2010年：$40,999、2015年：$40,062、2020年：$41,442というようにほとんど横ばいと言える状態を示しています[38]。日本で働く人々の年収

---
38) OECDによる公表データである OECD Average Wages（indicator）．（https://doi.org/10.1787/

は、この間のドル円為替から日本円にして400万円台の前半から中半程度で推移してきたことが見て取れ、働く人々が受け取る賃金が上昇していないという問題が浮かび上がります。

　日本の賃金の状況について、賃金が上がらないのは次に示すように労働生産性が低いためという結果になってしまっています。労働生産性とは、働く人1人あたり、または働く人の1時間あたりに生み出す成果のことですが、日本は労働生産性が長期間停滞しています。日本生産性本部の発表によれば、1990年以降の日本の労働生産性について、アメリカ、ドイツ、フランス、イギリス、イタリア、カナダ、そして日本の主要先進7ヶ国中、1人あたりの労働生産性は1993年から2019年まで最下位、時間あたりの労働生産性もまた1990年から2019年まで最下位が定位置となっており[39]、付加価値を高めていく必要があるということが長年の課題となっています。

　このように、「賃金引上げと労働生産性向上」の実現のためには、長年の構造的な状況を打破しなければならないのです。

長い労働時間

　労働時間の問題は、労働生産性もそうですが、「働き方改革」における「罰則付き時間外労働の上限規制の導入など長時間労働の是正」に関わります。

　かねてより日本人はよく働いてきました。そのため海外から働き過ぎを指摘されていました。実際に、OECDによる労働時間についての国際比較データ[40]がそのことを表しています。1985年の主要先進7ヶ国の1人あたりの平均年間総実労働時間についてみてみると、日本は2,093時間となっています。他国については、アメリカ：1,838時間、ドイツ：データなし、フランス：1,654時間、イギリス：1,586時間、イタリア：データなし、カナダ：1,795時間となっています。数字が示されている国において日本だけが2,000時間を超えており、働き過ぎがデータであらわれていることが確認できます。日本は世界各国の中で長時間労働の国として突出していたのです。ですが、2000年の労働時間は、日本は

---

　　cc3e1387-en)を参照。
39) 日本生産性本部(2020)『労働生産性の国際比較2020』6ページおよび10ページを参照。
40) OECD "Average annual hours actually worked per worker" (https://stats.oecd.org/) を参照。

1,821時間と短くなっています。他国については、アメリカ：1,832時間、ドイツ：1,466時間、フランス：1,558時間、イギリス：1,558時間、イタリア：1,850時間、カナダ：1,787時間となっています。アメリカやイタリアのほうが日本よりも労働時間が長い国になっています。さらにその後の日本の労働時間はなお短くなっています。例えば、2010年については、日本：1,733時間、アメリカ1,772時間：、ドイツ：1,426時間、フランス：1,540時間、イギリス：1,507時間、イタリア：1,777時間、カナダ：1,715時間となっており、2020年については、日本：1,598時間、アメリカ：1,767時間、ドイツ：1,324時間、フランス：1,407時間、イギリス：1,364時間、イタリア：1,554時間、カナダ：1,644時間となっています。

　国際比較をみても、年代が進むにつれて日本の労働時間は短くなっていることから、日本は2000年代から長時間労働の国ではなくなっているように見て取れます。この傾向自体は望ましいことですが、注意しなければならないことがあります。働く日本人の年間総実労働時間は確かに短くなってきていますが、このことを単純に「日本人の労働時間はだんだん短くなってきている」とみるのは捉え違いなのです。というのは、同時期に進行してきた雇用形態の多様化が大きく関わっているためです。

　事の本質を捉えるためには、国内の統計をみる必要があります。厚生労働省の「毎月勤労統計調査」より、パートタイム労働者を含む年間総実労働時間、就業形態別の年間総実労働時間を把握することができます。パートタイム労働者を含む年間総実労働時間について5年刻みでみると、1995年：1,910時間、2000年：1,853時間、2005年：1,804時間、2010年：1,754時間、2015年：1,734時間、2020年1,621時間となっています。就業形態別の年間総実労働時間の推移を示したものが図3-2です。一般労働者の総実労働時間は2,000時間前後という推移が示されています。一方で、パートタイム労働者の総実労働時間は1,000時間前後という推移が示されています。つまり、いわゆる正社員とパートタイマーとではそれぞれの年間総実労働時間が大きく異なっていること、さらに、近年における全労働者に占めるパートタイム労働者比率の高まりが「時短」の主要因であるということがみえてきます。したがって、現在においてもいわゆる正社員は依然と

して長時間労働のままであるという「事実」を見逃してはなりません。

　これに加えて、統計に表れない賃金不払い残業（サービス残業）の存在も指摘されてきました。統計に表れている労働時間はすでに長く、そのうえさらに働いているということです。働き過ぎは良いことではなく、最悪の場合には過労死や過労自殺につながりうることを忘れてはいけません。

　図 3-2 は厚生労働省による『過労死等防止対策白書』を参考にしていますが、この白書は、過労死等防止対策推進法に基づき、国会に毎年報告を行う年次報告書であり、過労死等の概要や政府が過労死等の防止のために講じた施策の状況を取りまとめたものです[41]。

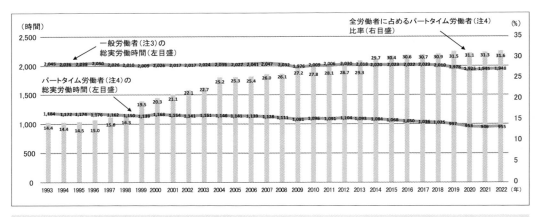

図 3-2　就業形態別年間総実労働時間および全労働者に占めるパートタイム労働者比率の推移

注1. 事業所規模5人以上、調査産業計。
注2. 就業形態別総実労働時間の年換算値については、各月間平均値を12倍し、小数点以下第1位を四捨五入したもの。
注3. 一般労働者：「常用労働者」のうち、「パートタイム労働者」以外の者。なお、「常用労働者」とは、事業所に使用され給与を支払われる労働者（船員法の船員を除く）のうち、①期間を定めずに雇われている者 ②1か月以上の期間を定めて雇われている者のいずれかに該当する者のことをいう（2018年1月分調査から定義が変更になっていることに留意が必要）。
注4. パートタイム労働者：「常用労働者」のうち、①1日の所定労働時間が一般の労働者より短い者 ②1日の所定労働時間が一般の労働者と同じで1週の所定労働日数が一般の労働者よりも少ない者のいずれかに該当する者のことをいう。
注5. 2004年から2011年の数値は「時系列比較のための推計値」を用いている。
（出所）厚生労働省（2023）『令和5年版　過労死等防止対策白書』3ページより。
（資料出所）厚生労働省「毎月勤労統計調査」をもとに筆者作成。

---

41) 永田瞬・戸室健作編著(2023)『働く人のための人事労務管理』八千代出版、105 ページを参照。

しかし、正社員はなぜそれほどまでに長い時間働くのでしょうか。長時間労働になる要因について労働政策研究・研修機構がまとめた調査[42]があります。時間外労働を行う理由をめぐっては、しばしば「残業代を稼ぐため」であるとか、「周りよりも先に帰りづらいから」といったことが言われますが、実はこうしたことはかつての経済成長の時代にはあったことなのでしょうが、近年の長時間労働の主な要因からは外れています。所定外労働をすることがある労働者（回答労働者 8,881 人の 74.5%、n = 6,615 人）の（自身が）所定労働時間を超えて働く理由をみると（表 3-1）、最も多いのは「業務の繁閑が激しいから、突発的な業務が生じ

表 3-1　所定労働時間を超えて働く理由

（複数回答、平均選択数 2.4 個）

理由	割合 (%)
業務の繁閑が激しいから、突発的な業務が生じやすい	58.5
人手不足だから（一人当たり業務量が多いから）	38.2
自分が納得できるまで仕上げたいから	23.9
仕事の性格や顧客の都合上、所定外でないと出来ない仕事があるから	22.4
自分の能力や技術が足りないから	18.1
組織間や従業員間で業務配分にムラがあるから	17.4
急な方針変更や曖昧な指示、プロセスの多い決裁手続き、長時間におよぶ会議等、仕事の進め方にムダがあるから	12.9
納期やノルマが厳しいから	8.4
職場に帰りにくい雰囲気があるから	8.3
残業手当や休日手当を稼ぎたいから（基本給が低いから）	6.0
仕事が面白いから	5.1
求められている成果が明確でないから	4.2
成果・業績主義化や仕事の個別化等で、職場に助け合いの雰囲気がないから	3.7
営業時間が長いから	3.6
残業が昇進・昇格など人事上で評価される慣行・風土があるから	2.2
その他	2.2

（出所）労働政策研究・研修機構（2016）37 ページより筆者作成。

---

[42] 労働政策研究・研修機構（2016）『「労働時間管理と効率的な働き方に関する調査」結果および「労働時間や働き方のニーズに関する調査」結果－より効率的な働き方の実現に向けて、企業の雇用管理はどう変わろうとしているのか－』（調査シリーズ No.148）労働政策研究・研修機構。

やすいから」（58.5％）であり、次に「人手不足だから（一人当たり業務量が多いから）」（38.2％）が続きます。こうした要因にこそ長時間労働の本質があるのです（しばしば言われる「職場に帰りにくい雰囲気があるから」は8.3%、「残業手当や休日手当を稼ぎたいから（基本給が低いから）」は6.0%。）。

　今日の多くの正社員は能動的に長い時間働いているということではなく、仕事が忙しいものになっていること、職場で人手が不足しており、一生懸命に働いても一人ではこなせない業務に縛られ働かされているのが実態なのです。そうであるがゆえ、とりわけ正社員の長時間労働は、今現在において是正する必要のある問題なのです。

病気の治療をしながら働く人への対応

　鈴木（2018）によれば、日本の職場で行う一般定期健康診断での有所見率、つまり血圧や脂質、血糖値、肝機能などで「異常あり」との指摘を受ける人の割合は年々高くなっており、最近では5割を超えているといいます。また、がんの治療を受けながら働いている人が30万人以上、心身に障害を抱える雇用障がい者が40万人以上いるということです[43]。

　この問題については、「病気の治療と仕事の両立」として「働き方改革」において柱の1つに据えられています。具体的には、「病気を治療しながら仕事をしている方は、労働人口の3人に1人と多数を占める。自分の仕事に期待してくれる人々がいることは、職場に自分の存在意義を確認できる、いわば居場所があると感じさせ、病と闘う励みにもなる。病を患った方々が、生きがいを感じながら働ける社会を目指す」、「治療と仕事の両立に向けて、会社の意識改革と受け入れ体制の整備を図るとともに、主治医、会社・産業医と、患者に寄り添う両立支援コーディネーターのトライアングル型のサポート体制を構築する」、「あわせて、労働者の健康確保のための産業医・産業保健機能の強化を図る」ことが改革の目標に掲げられました[44]。これらは労働力人口が高齢化している現在において必要な内容だと言えます。

---

[43] 鈴木（2018）前掲書38ページを参照。
[44] 働き方改革実現会議（2017）前掲資料（図3-1出所）を参照。

働く人のメンタルヘルス

　人間は心を持つ生き物です。ゆえに働くことをめぐっては、メンタルヘルスについて考えないわけにはいきません。これに関して引き続き、『過労死等防止対策白書』を参考にみていきます。

　日本の職場においてストレスを抱える人々は少なくありません。働く人が最もストレスと感じているのは、図3-3に示されているように「仕事の量」(36.3％)です。忙しいこと、労働時間が長くなることはストレスそのものなのです。次いで、「仕事の失敗、責任の発生等」(35.9％)、「仕事の質」(27.1％)と続きます。少し前には成果主義が流行しましたが、働く人は常に仕事に対するプレッシャーを感じていることがうかがえます。

　それから、「対人関係(セクハラ・パワハラを含む)」(26.2％)も見逃すことのできない問題になっています。厚生労働省によれば、全国の総合労働相談コーナーに寄せられた「いじめ・嫌がらせ」の相談件数が相談内容別で11年連続最多となっており、職場のハラスメント問題が社会問題として顕在化しているといいます(厚生労働省(2023)図3-2出所32ページ)。

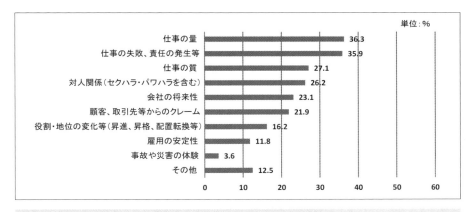

図3-3　働く人のストレスの内容

注1. 常用労働者10人以上を雇用する民営事業所で雇用されている常用労働者および受け入れた派遣労働者を対象。
注2. 主なもの3つ以内の複数回答。
(出所) 厚生労働省 (2023) 前掲資料27ページより。
(資料出所) 厚生労働省 (2022)「令和4年労働安全衛生調査 (実態調査)」をもとに筆者作成。

現在、人々はストレス社会の中で働いているのです。こうした状況において、働く人々の精神障害に関する労災請求件数は 2001 年以降増加傾向にあります(図3-4)。このことは、それだけ「仕事を原因とする精神障害で悩んでいる」と申し出る人々が増えてきたことを指しています。

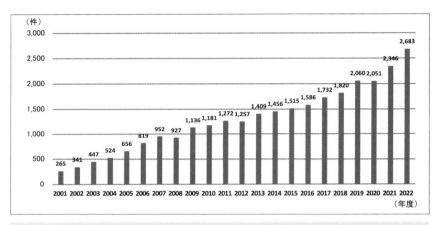

図 3-4　精神障害を理由とする労災請求件数の推移

(出所) 厚生労働省 (2023) 前掲資料 54 ページより。
(資料出所) 厚生労働省「過労死等の労災補償状況」をもとに筆者作成。

この労災請求に対する支給決定件数も 2001 年以降、同様の傾向で増え続けてきました (図 3-5)。自殺についても決して少なくない数が認定されていることがうかがえます。

このようななか、厚生労働省は 2006 年に「労働者の心の健康の保持増進のための指針」を公表しました。これは、一般的には「メンタルヘルス指針」と呼ばれています。その指針の中ではメンタルヘルスの不調を「精神および行動の障害に分類される精神障害や自殺のみならず、ストレスや強い悩み、不安など、労働者の心身の健康、社会生活および生活の質に影響を与える可能性のある精神的および行動上の問題を幅広く含むものをいう」[45]としています。健康経営においては、一次予防 (メンタルヘルス不調の未然防止)、二次予防 (不調の早期発見と

---

45) 厚生労働省(2006)14 ページを参照。

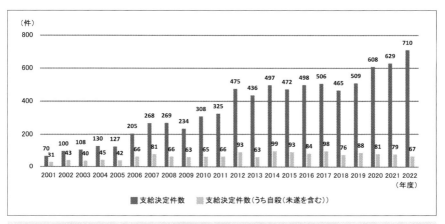

図 3-5　精神障害を理由とする支給決定件数

注　労災支給決定（認定）件数は、当該年度内に「業務上」と認定した件数で、当該年度以前に請求があったものを含む。
（出所）厚生労働省（2023）前掲資料 54 ページより。
（資料出所）厚生労働省「過労死等の労災補償状況」をもとに筆者作成。

適切な対応）、三次予防（職場復帰支援）の 3 本柱[46]が重要です。さらに、生産性の向上に向けた職場環境づくりと同時に、働く人々の仕事に対するモチベーションの管理も併せて大切なことです。

　データが示すように、働く人々のメンタルヘルス不調が 21 世紀になって増えてきた事実を無視することはできず、職場におけるメンタルヘルス対策の必要性をあらためて認識せざるをえません。そこで、職場のメンタルヘルスに関する対策がどのように行われているか、その状況をみてみましょう。図 3-6（上図）によれば、メンタルヘルス対策を実施している事業所の割合について、2012 年は 50％ に満たない状況（47.2％）ですが、翌 2013 年に 60％ に達しており（60.7％）、取り組む企業が増えたことが見て取れます。その後 2022 年まで 60％ 前後で推移しています（2022 年は 63.4％）。「メンタルヘルス対策に取り組む事業所の割合を 80％ 以上（2027 年まで）」にするというのが大綱に基づく数値目標ということですので、何が課題なのか考えなければなりません。それは、端的に事業所規模別

---

46) 厚生労働省平成 29 年度地域・職域連携推進関係者会議資料（2017）（https://www.mhlw.go.jp/file/05-Shingikai-10901000-Kenkoukyoku-Soumuka/0000188314.pdf）を参照。

の割合にあります。図 3-6（下図）には、2022 年の事業所規模別割合を示しています。常用労働者 100 人以上の職場では 90% 台後半の取り組みがあるわけですが、常用労働者が 100 人を切るとその数が少なくなるにつれて、メンタルヘルス対策の実施割合が低いという状況が見て取れます。したがって、規模の小さな

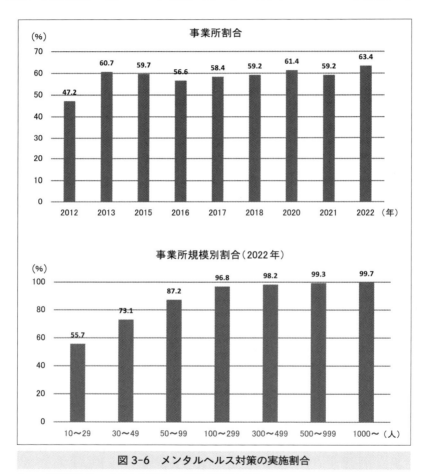

図 3-6　メンタルヘルス対策の実施割合

注 1.　常用労働者 10 人以上を雇用する民営事業所を対象。
注 2.　2014 年及び 2019 年は「労働安全衛生調査（労働環境調査）」を行っており、本事項については調査していない。
（出所）厚生労働省（2023）前掲資料 30 ページより。
（資料出所）　厚生労働省「労働安全衛生調査（実態調査）」（ただし、2012 年は厚生労働省「労働者健康状況調査」）をもとに筆者作成。

職場でメンタルヘルス対策に取り組む事業所が増えていくようにしなければなりません。

具体的に、各事業所ではどのような対策が行われているのでしょうか。2022年におけるメンタルヘルス対策の内容とその実施割合の状況を示したものが図3-7です。メンタルヘルス対策の取り組みとして多い順に、「ストレスチェックの実施」(63.1%)、「メンタルヘルス不調の労働者に対する必要な配慮の実施」(53.6%)、「職場環境等の評価および改善（ストレスチェック結果の集団（部、課など）ごとの分析を含む）」(51.4%)などとなっています。対策に取り組んでいる職場の多くは、ストレスチェックの実施や分析をもとにして対策の整備を行っていることがうかがえます。すでに実施割合の大きな内容については、まだ未実施の職場でも実施されるようになっていくべきです。現状において実施割合

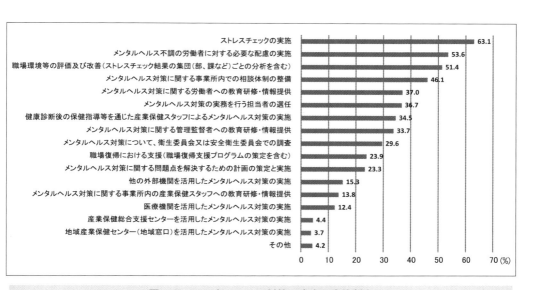

図3-7 メンタルヘルス対策の内容と実施割合

注1. 常用労働者10人以上を雇用する民営事業所を対象。
注2. 複数回答。
注3. 「他の外部機関」とは、精神保健福祉センター、中央労働災害防止協会などの心の健康づくり対策を支援する活動を行っている機関、メンタルヘルス支援機関などをいう。
(出所) 厚生労働省 (2023) 前掲資料31ページより。
(資料出所) 厚生労働省 (2022)「令和4年労働安全衛生調査（実態調査）」をもとに筆者作成。

が大きくない内容についても、それぞれの職場での必要に応じて取り組みを進めていくべきでしょう。

　以上みてきたように、職場の生産性の向上、仕事に対して働く人々のモチベーションを高めるためにはまず、ここで示してきた労働課題ひとつひとつに向き合い、適正な働き方・働かせ方へと改善していくことが重要です。さて、近年では働く人の健康が可視化されてきており、健康状態を表す指標が示されるようになってきました。次節では、このことについてみていきましょう。

第2節　働く人の健康の可視化

　健康とは、どこかつかみどころのないもののように思えますが、働く人の健康については、仕事を理由とする欠勤（休職）や離職を防止すること、健康を害していることでその人が有している能力を十分に発揮できないことを防止すること、いきいきと働けることが目指されるようになってきています。

欠勤（休職）や離職を防ぐことの重要性

　働く人の健康に関して、労働損失日数という指標があります。もともとは、ストライキの規模を示すものとしてとらえられてきましたが、今日では労働災害などでも労働損失日数が算出されています。例えば、労働災害による死亡であれば 7,500 日として扱います。2022 年に WHO（世界保健機関）と ILO（国際労働機関）は、うつ病などのメンタルヘルス問題による労働損失日数が世界で年 120 億日に達するとの推計を示しています。それによる経済損失は、なんと 1 兆ドル規模にもなるのだといいます[47]。

　現在の日本では少子高齢化が進んでおり、少子化が職場で働く人の確保を難しくしている一面があります。顧客のニーズがないがゆえ事業の存続が難しいということ以前に、人員が揃わないことにより事業を継続できないといった問題が生じているのです。業種によって、また、中小企業では慢性的な人手不足が言われています。それだけに、企業は職場で働く人の健康についてよく考えた対応を

---

[47]『日本経済新聞』2023 年 10 月 22 日朝刊を参照。

とる必要があります。

つまり、人手不足の状況では、働く人の欠勤（休職）や離職は企業経営にとって大きな痛手となります。そのため、職場としては仕事で健康を害したことによる欠勤(休職)や離職を防ぐ必要があります。経営者には、職場で働く人々の業務が過重になっていないか、長時間労働になっていないか、メンタルヘルス不調に陥っていないかを把握する責任があります。

働く人に能力を発揮してもらうことの重要性

働いているからには、一人ひとりが有している能力をしっかりと発揮してもらうことが重要です。人手不足の状況ではなおさらです。職場としては、健康問題を理由に本来有している能力を発揮できない働き手が増えれば増えるほど損失になってしまいます。このことについて尾形裕也氏の論文が示唆に富んでいます。

尾形氏は2018年の発表論文において、アメリカの事例、欧米諸国における調査研究結果、東京大学政策ビジョンセンター健康経営研究ユニットによるそれまでの研究成果を取り上げています。

1つ目のアメリカの事例においては、ある金融関連企業における従業員の健康関連総コストの構造について、アメリカ商工会議所等のパンフレットに掲載されている事実に留意する必要があるといいます。それは、Medical and Pharmacy（薬剤費を含む通常の医療費：以下、医療費と表記する）、Absenteeism（病欠：以下、アブセンティーイズムと表記する）、Short-term Disability（短期の障害）、Long-term Disability（長期の障害）、Presenteeism（職場で働いているものの、何らかの健康問題のために業務の能率が低下している状況：以下、プレゼンティーイズムと表記する）という5つの種類の健康コストのうち、最も健康コストが生じているのがプレゼンティーイズムということです（このプレゼンティーイズムは、自記式の質問票による生産性低下の測定という方法で算出）。プレゼンティーイズムが2番目の健康コストである医療費を大きく上回る損失になっており、アメリカでは企業にとって健康問題による生産性の損失が医療費を上回る大きな問題であり経営問題そのものであるため、医療費のみならずプレゼンティーイズムを含

めた健康コストの問題を考えることこそが健康経営の基本的な発想であるとのことです。

　2つ目の欧米諸国における調査研究結果においては、コストのかかる疾病を「医療費＋薬剤費」で考える場合と、「生産性（アブセンティーイズムおよびプレゼンティーイズム）」まで加味して考える場合とでは、ターゲットとなる患者が変わってくる可能性があり、健康経営を考えるとメンタルヘルス対策、「働き方改革」まで含めた対応が求められるといいます。また、従業員の生産性の損失と健康状態との関係について、アブセンティーイズムおよびプレゼンティーイズムは健康リスクが多くなるにつれて大きくなり、プレゼンティーイズムの大きさはアブセンティーイズムに比べて上昇が顕著であることから、健康経営による従業員の健康の維持・増進がいかに重要であるかを指摘しています。

　3つ目の東京大学政策ビジョン研究センター健康経営研究ユニットによる研究では、日本の企業や病院（3組織）における従業員の健康関連総コストの最大の構成要素となっているものがプレゼンティーイズム（77.9％）であり、次点の医療費（15.7％）を大きく上回っていることが明らかになっています（このプレゼンティーイズムは、国際的に広く使われている評価スケールを使用した自記式の質問紙調査等によってデータを取得し、加えて、保険者が有する被保険者の総報酬月額データによって、これらを金銭換算して算出）[48]。

　尾形氏の発表論文からは、職場で働いているものの、何らかの健康問題のために業務の能率が低下している状況のことを指すプレゼンティーイズムがアメリカのみならず日本においても最大の健康コストになっており、働く人の健康の維持・増進のためには健康経営が重要であるという知見が得られます。

　そして、ここで取り上げられている内容は生産性に大きく関わっています。日本においては人手不足時代が到来していることからも、経営者は働く人々のアブセンティーイズムとプレゼンティーイズムの問題をしっかりと受け止める必要があります。

---

[48] 尾形裕也（2018）「日本における健康経営の現状および課題」『生活福祉研究』通巻95号、明治安田総合研究所、25-41ページ。

ワーク・エンゲイジメントと従業員エンゲイジメントへの注目の高まり

　近年、エンゲイジメント（またはエンゲージメント）という言葉がしばしば取り上げられています。それはとりわけ、経営者が働く人々にポジティブな気持ちでもっといきいきと仕事をしてもらいたいという意識があるためです。エンゲイジメントは「ワーク・エンゲイジメント」として、エンゲージメントは「従業員エンゲージメント」として調査や研究がなされています。

　ワーク・エンゲイジメントは、平たく言えば、働く人々の「働きがい」を意味します。2019年の厚生労働省の白書では、人手不足感が高まっている状況における働く人の働きがいについてワーク・エンゲイジメントの概念を用いて分析が行われています[49]。ワーク・エンゲイジメントは、仕事に関連するポジティブで充実した心理状態として、「仕事から活力を得ていきいきとしている」（活力）、「仕事に誇りとやりがいを感じている」（熱意）、「仕事に熱心に取り組んでいる」（没頭）の3つが揃った状態であり（厚生労働省（2019）171ページ）、測定可能なものです。最も広く活用されているものが、ユトレヒト・ワーク・エンゲイジメント尺度（UWES）です。興味深いこととして、上記白書の中で紹介されているコラム「ワーク・エンゲイジメント・スコアの国際比較」では、日本を含む16の国の「仕事に関する調査」の比較結果が紹介されています（図3-8）。

　同図で挙げられている16の国においてワーク・エンゲイジメント・スコアが高いのは順に、フランス、フィンランド、南アフリカ、ドイツ、ベルギー、イタリア、オーストラリア、チェコ共和国、カナダ、ノルウェー、中国、スウェーデン、オランダ、ギリシャ、スペイン、そして最後に日本となります。この結果から、日本は海外諸国と比べてワーク・エンゲイジメントが低いことが分かります。それも、挙げられている国々の中で際立って低いのです。ただし、ポジティブな態度や感情の表出は、各国の文化等にも影響を受ける可能性があることが指摘されているため、その結果については、一定の幅をもって解釈する必要があるということです。

　では、もう1つの従業員エンゲージメントについてはどうでしょうか。従業

---

[49] 厚生労働省（2019）『令和元年版 労働経済の分析―人手不足の下での「働き方」をめぐる課題について―』を参照。

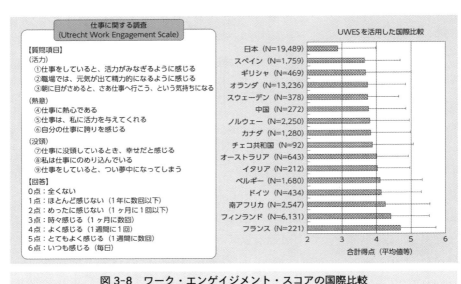

図 3-8 ワーク・エンゲイジメント・スコアの国際比較

注 1. 棒線は、9 つの質問項目の総得点を 9 で除した 1 項目当たりの平均的な得点を示している。
注 2. 棒線の右線は、平均値＋1 標準偏差の上限を示しており、その上限までの範囲内に、サンプルの 68％が含まれる。
（出所）厚生労働省（2019）179 ページより転載。
（資料出所）島津明人（2016）『ワーク・エンゲイジメント―ポジティブ・メンタルヘルスで活力ある毎日を―』労働調査会。

員エンゲージメントは、平たく言えば、働く人が「その組織に貢献したいと思う気持ち」のことです。これに関しては、アメリカの世論調査およびコンサルティング企業であるギャラップ社による調査が知られています。

　ギャラップ社は、従業員エンゲージメントの強い、熱意あふれる社員の割合が 2022 年に世界全体で過去最高の 23％に達したことを発表しています。主な国々におけるその割合の状況を示したものが図 3-9 です。全世界の平均の 23％に対し、アメリカ 34％、インド 33％、フィリピン 31％、ブラジル 28％、南アフリカ 26％、タイ 25％、インドネシア 24％、ウクライナ 22％、オーストラリア 20％、中国 18％、ドイツ 16％、韓国 12％、イギリス 10％、スペイン 10％、フランス 7％、イタリア 5％となっています。そして、日本はイタリアと同じ 5％でした。実は日本とイタリアは、調査対象 145 ヶ国の中で最も低い結果だと

第 3 章　健康経営の実践が職場で求められる背景　71

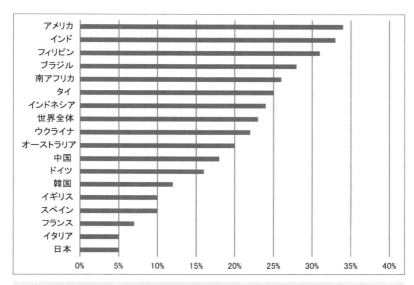

図 3-9　主な国々の従業員エンゲージメントの割合

（出所）"State of the Global Workplace 2023 Report", Gallup, Inc をもとに筆者作成。

いうことです[50)]。日本の結果は世界平均にさえはるかにおよびません。先にみた「ワーク・エンゲイジメント・スコア」と同様に従業員エンゲージメントも低く、低位であるという状況です。日本企業では従業員の 5% しか、熱意をもって仕事

---

50)　"State of the Global Workplace 2023 Report", Gallup, Inc. を参照。この割合は、世界各国 1,300 万人に対するアンケート調査の結果とのことである。調査内容は、
「1. 私は仕事の上で、自分が何を期待されているかがわかっている」
「2. 私は自分がきちんと仕事をするために必要なリソースや設備を持っている」
「3. 私は仕事をする上で、自分の最も得意なことをする機会が毎日ある」
「4. この 1 週間で、良い仕事をしていることを褒められたり、認められたりした」
「5. 上司あるいは職場の誰かが、自分を一人の人間として気遣ってくれていると感じる」
「6. 仕事上で、自分の成長を後押ししてくれる人がいる」
「7. 仕事上で、自分の意見が取り入れられているように思われる」
「8. 会社が掲げているミッションや目的は、自分の仕事が重要なものであると感じさせてくれる」
「9. 私の同僚は、質の高い仕事をするよう真剣に取り組んでいる」
「10. 仕事上で最高の友人と呼べる人がいる」
「11. この半年の間に、職場の誰かが私の仕事の成長度合について話してくれたことがある」
「12. 私はこの 1 年の間に、仕事上で学び、成長する機会を持った」
の 12 の質問からなっており、これらにより従業員エンゲージメントを測定している。

に取り組めていないという解釈になります。

このように現在の日本では、ワーク・エンゲイジメントおよび従業員エンゲイジメントの低さが職場における課題になっていると言えます。こうした実情が示されている以上、働きがいをもって、あるいは貢献意欲をもって仕事を行えるようにこれらの「向上」を目指すよう改善していかなければならないのはもっともなことでしょう。

第3節　投資判断材料としての働く人の健康

CSR経営と働く人の健康

21世紀初頭の2003年が、日本の「CSR元年」と言われています。世界的に公正さに欠ける企業の行動が目立ち、CSR（企業の社会的責任）が問われるようになったこの頃から日本企業はCSR経営[51]を展開し始め、各社で作成したCSRについてのレポート（報告書）を通してCSR情報の開示を行っています。

今日の企業のサステナビリティレポート（CSRレポートやCSR報告書等の呼称もあり）を紐解けば、働く人の健康に関する諸々の数値の公開が進んでいることがうかがえます。健康経営の実践についても紙面が割かれているものもみられます。

CSR経営は、法令遵守（コンプライアンス）と説明責任（アカウンタビリティ）を柱としています。それに伴って、職場で過労死や過労自殺の発生を防がなければなりません。健康関連の法律を遵守して人材の活用を行い、働く人々が健康な状態で仕事に取り組み、日々の生活を送れるように健康増進施策に取り組むことが大切です。

サステナビリティレポートは多くの場合、各企業のホームページで閲覧、ダウンロードすることが可能になっています。中にはその英語版が用意されていることもあります。企業はこうしたものを一体誰に向けて発信しているのでしょ

---

51) 筆者は以前、日本企業のCSR経営の展開について論考を著しており、本節で記述しているCSR経営の従来の内容については橋村政哉（2016）「日本におけるCSRの展開とその可能性―日本企業の社会への考慮は改善されるか」『社会政策』第8巻第1号、98-110ページに基づいている。

か。それは幅広くステイクホルダーに対してということになりますが、より直接的には株主(投資家)に対してなのです。

　日本の企業は株主重視の経営を行っています。2000年代以降、欧米の機関投資家による日本の企業の株式保有比率が高まっています。今日において機関投資家をはじめとする株主は、ESG(「環境」、「社会」、「ガバナンス」)を考慮する企業行動をみたうえで投資を行うようになってきました。したがって、企業はこうしたことを意識して企業経営を展開していく必要があるのです。

ESG 投資普及の背景

　筆者は 2010 年代に CSR について研究を行っていましたが、ESG 投資はその時期において急に登場してきた概念であるという印象があります。ESG 投資は金融分野のテーマであるため、なぜこれが普及してきたのかについては、それを専門とする方の説明を参考にします。

　山本雅子氏の発表論文によると、ESG 投資は 2006 年に国連責任投資原則(PRI)が提唱し、全世界的には年金基金などの機関投資家が採用するようになりましたが、日本では長く機関投資家の多くは ESG 投資に消極的だったといいます。こうした国内機関投資家の ESG に対する姿勢に変化が見られるようになったのは 2014 年からであり、第二次安倍内閣による「日本再興戦略」の一連の施策の中で、ESG の概念が企業価値の持続的創造・向上を可能とする要素の1つとして、企業価値と結びつけて理解される傾向が出てきたためであるといいます。さらに、世界最大級の機関投資家である年金積立金管理運用独立行政法人(GPIF)も ESG 投資について前向きに検討をはじめ、日本版スチュワードシップ・コードの受入れ表明や、スチュワードシップ責任と ESG 投資についての調査研究の委託などを経て 2015 年に PRI の署名機関となったことにより、機関投資家の間に ESG が普及する動きが広がった[52]ということです。

　本書のテーマに関わることとして、近年、ESG の「S」に人的資本、すなわち職場で働く人々についての情報が含まれるようになってきています。

---

52) 山本雅子(2016)「国内 ESG 投資の『過去』『現在』『未来』」『財界観測』2016 年秋号、4-23 ページを参照。

人的資本の情報開示への流れ

　では、どうして企業は職場で働く人々の情報を開示するようになってきたのでしょうか。それは、2022年に内閣官房の非財務情報可視化研究会より、人材投資に関する開示ガイドラインである「人的資本可視化指針」が発表されたことが大きく関係しています。これを受けて、2023年より上場企業については人的資本の情報開示の義務化が始まりました。人的資本の情報開示とは、例えば有価証券報告書に人材育成の状況やエンゲージメントをはじめとする人的資本に関する情報を記載して、ステイクホルダーに向けて公開することです。なお、同指針では、7分野19項目の開示項目が示されています(表3-2)。

表3-2　人的資本の情報開示項目

分類	項目	観点
育成	リーダーシップ	「価値向上」の観点
育成	育成	
育成	スキル/経験	
エンゲージメント		
流動性	採用	
流動性	維持	
流動性	サクセッション	
ダイバーシティ	ダイバーシティ	
ダイバーシティ	非差別	
ダイバーシティ	育児休業	
健康・安全	精神的健康	
健康・安全	身体的健康	
健康・安全	安全	
労働慣行	労働慣行	
労働慣行	児童労働/強制労働	
労働慣行	賃金の公正性	
労働慣行	福利厚生	
労働慣行	組合との関係	「リスク」マネジメントの観点
コンプライアンス/倫理		

（出所）非財務情報可視化研究会（2022）「人的資本可視化指針」
（https://www.cas.go.jp/jp/houdou/pdf/20220830shiryou1.pdf）をもとに筆者作成。

この開示項目の中に含まれている「エンゲージメント」と「健康・安全（精神的健康、身体的健康、安全）」は、まさに本書のテーマである健康経営の内容そのものです。これらは投資家の投資判断指標になりうるだけに、数値を良くすることが経営上重要になります。こうした人的資本の情報開示の流れは、今後さらに健康経営との関わりにおいて強まっていくことになるだろうと筆者はみています。

コラム4

人的資本経営の展開

ステイクホルダーが企業の人的資本の状況を把握する時代が到来しています。最近では「人的資本経営」という言葉をしばしば見聞きするようになってきました。経済産業省は人的資本経営について、「人材を『資本』として捉え、その価値を最大限に引き出すことで、中長期的な企業価値向上につなげる経営のあり方」（経済産業省ホームページ）と定義を示しています。

人的資本経営が注目されるようになった背景として、2018年にISO（国際標準化機構）によって人的資本情報開示のガイドラインであるISO30414が発表されたことが挙げられます。これは、ステイクホルダーに対して人的資本に関する報告をどのように実施すればよいのかをまとめた指針であり、「コンプライアンスと倫理」、「コスト」、「多様性」、「リーダーシップ」、「組織文化」、「組織の健康・安全・福祉」、「生産性」、「採用・配置・離職」、「スキルと能力」、「後継者育成」、「従業員の可用性」の11の領域について示されています（日本能率協会マネジメントセンターホームページ「用語解説」（https://www.jmam.co.jp/hrm/column/0073-iso30414.html）を参照）。

海外では、以前から人的資本情報の開示に向けた機運が高まっていましたが、その傾向は継続しており、日本でも2021年にコーポレートガバナンス・コード（企業統治のガイドラインとして参照すべき原則・指針）が改訂され、ここに人的資本に関する内容（例えば、①企業の中核人材における多様性の確保に向けて、管理職における多様性の確保（女性・外国人・中途採用者の登用）についての考え方と測定可能な自主目標を設定すべきであること、②中長期的な企業

価値の向上に向けた人材戦略の重要性に鑑み、多様性の確保に向けた人材育成方針・社内環境整備方針をその実施状況と併せて開示すべきであること、③サステナビリティをめぐる課題への取り組みとして、人的資本等への投資等について、自社の経営戦略・経営課題との整合性を意識しつつ分かりやすく具体的に情報を開示・提供すべきであること）が追記されました（経済産業省（2022）「人的資本経営の実現に向けた検討会報告書」5 ページ）。

　人的資本経営は単に情報開示のためではなく、今後日本の企業が自社の従業員のための人的資本投資にますます力を注ぐことが期待されます。

第4節　第3章のまとめ

　本章では、健康経営の実践が職場で求められる背景についてみてきました。なかでも労働生産性、正社員の長時間労働、メンタルヘルス問題といった労働課題は今日においても依然として残っており、早急な対応が求められます。

　現在の日本の職場では人手不足が言われています。それだけ働く人一人ひとりが貴重な存在であり、経営者は従業員の健康に気を配らなければならない時代になっています。本来健康という言葉は大変広い意味を持っていますが、仕事を理由とする欠勤（休職）や離職を防止すること、健康を害しているためにその人が有している能力を十分に発揮できないことを防止すること、働く人がいきいきと働けるようにと、職場で必要な健康の可視化が進んできています。

　そして、近年では働く人の健康が投資家の投資判断材料に含まれるようになってきました。日本のワーク・エンゲイジメントや従業員エンゲージメントの国際比較の状況は芳しくありません。企業による人的資本の情報開示が始まり、人的資本経営の気運が高まってきている昨今、対応が迫られています。

　健康経営は健康増進の手法であり、人的資本投資の一環と言えます。実際に職場でどのように健康経営が実践されているのか、その実践によりどのような効果がもたらされているのかを把握することは、今後ますます健康経営に取り組む企業が増えていくためにも大切なことです。

日本の職場において健康経営がどのように実践されているかについての研究は、すでに行われています。健康経営の事例を取り上げている先行研究をみることで、先駆けて実践してきた企業の取り組み内容を知ることができます。しかし、日本では健康経営が広く実践されるようになってから日が浅く、その意味で日本の職場を対象とする健康経営の事例研究は、まだまだ発展段階にあります。職場にどのような効果がもたらされているかについては、よりさまざまな職場の先進的な実践事例をみなければなりません。そこで、次章では先行研究を踏まえたうえで、新たに必要があると考えられる事例の考察を行います。

第4章　健康経営の先進的な実践内容とその効果

第1節　既存の健康経営の事例研究をみる
第2節　大規模企業の健康経営の事例
第3節　中小規模企業の健康経営の事例
第4節　医療法人および社会福祉法人の健康経営の事例
第5節　健康経営が職場にもたらす効果とは

第 4 章

健康経営の先進的な実践内容とその効果

　健康経営が日本の職場で今後より一層普及するためには、実践効果のエビデンスを蓄積していくこと、取り組み課題を明確にすることが必要となります。それは、まだまだ多くの職場では健康経営が新しい実践であるがゆえです。

　そこで本章ではまず、既存の研究が健康経営の実践事例をどうみているのかをおさえるべく、3つの研究を取り上げます。注目すべきは、これら3つの研究がともにSCSK株式会社という企業の健康経営に着目していることです。そのため、これらの研究がSCSK社の健康経営をどのように分析、考察しているかに焦点を当てます。もう1つは、サンスター社を事例に、健康経営とその組織の価値・ブランド向上との関係を示す研究を取り上げます。

　そのうえで、今日における健康経営の先進的な事例として、筆者が取り上げる大規模企業（2社）、中小規模企業（3社）、医療法人（1社）、社会福祉法人（1社）、計7組織の実践内容とその効果を考察します。

第1節　既存の健康経営の事例研究をみる

☆ SCSK株式会社の健康経営の魅力（SCSK株式会社の事例）

　SCSK（旧住商情報システム）株式会社の健康経営の実践事例は、複数の文献の中で言わばモデルケースのように取り上げられています。それだけ注目されているわけですが、それはなぜなのでしょうか。各論考からその理由を抽出してみたいと思います。

　1つ目として、山本靖氏・内田亨氏の2017年の発表論文では、日本の職場に

現実に起きている健康に関わる問題として、過剰労働（長時間労働やブラック企業による労務管理）、喫煙による労働環境の低下、医療費負担増を指摘しています。そこで、IT 業界で健康経営を実現している SCSK 社を取り上げ、健康経営の実現が職場にもたらした効果について考察しています。具体的には、経営トップの号令による残業時間削減や有給休暇取得促進の実行により、会社の売上・利益がともに着実に伸びているという事実が示されています。IT 業界では SCSK 社が長時間労働を改善するなどの「働き方改革」に取り組み、経営トップが社内外にこのことを発信しているとの理由により健康経営銘柄に選定された事実を取り上げ、投資家のイメージアップにつながっていることを指摘しています。そして、健康経営は従業員の健康の維持や増進だけでなく、企業の経営にも好影響を与えるとしています。健康経営を社外に宣言する効果ははかりしれず、例えば、金融機関が優れた健康経営であると評価した場合には貸出金利を優遇する可能性、健康経営を実践している企業が優良法人であるなら取引先も安心して取引を継続する可能性、他に求職者への PR 効果もあり、それによって新卒採用や中途採用時に優秀な人材を確保できる可能性が高まることを挙げています[53]。

　健康経営は確かに職場に効果をもたらすものであり、さらに、経営への効果も高まる可能性があるということが示されています。

　2 つ目に、新井卓二・玄場公規両氏の 2019 年の編著作では、SCSK 社が自社の就業規則に健康経営の理念を明記していることを紹介しています（図 4-1）。「社員満足度」が向上することにより、必ず「成果物の品質」が向上するという思いがあり、その結果「お客様満足度」が向上し、「株主満足度」も向上するため、「まずは社員の健康から」ということが SCSK 社の原点なのだといいます。経営トップの「社員やその家族にしてみれば、健康を害し、体調を崩し、心身の不調が顕在化したら、利益、さらには会社なんて、もうどうでもよいと思える。利益か健康かといえば、迷わず健康をとれ」というコメントが挙げられており、なぜ就業規則として健康経営を明文化しているのか、その意図がよく理解できます。

　その他には、残業時間の減少により削減した総額 10 億円の人件費を全額社員

---

[53] 山本靖・内田亨（2017）「健康経営を実践してガバナンスの強化をはかる―労働環境と健康管理に向けた企業経営の関わりについて―」『新潟国際情報大学情報文化学部紀要』Vol.3, 106-116 ページ。

> 第12章　健康経営
> 第78条（健康経営の理念）
> 　当会社および社員は、次に掲げる健康経営の理念を尊重しなければならない。
> 「社員一人ひとりの健康は、個々人やその家族の幸せと事業の礎である。社員が心身の健康を保ち、仕事にやりがいを持ち、最高のパフォーマンスを発揮してこそ、お客様の喜びと感動に繋がる最高のサービスが提供できる。」

図 4-1　SCSK 株式会社の就業規則に明記されている健康経営の理念（抜粋）
（出所）新井・玄場編著（2019）前掲書 198 ページをもとに筆者作成。

に返還したことや、生産性を高め、品質を向上させる体系化した開発標準をつくったことが挙げられています。さらに、働き方改革や健康経営をビジネスパートナー企業とも協力して実施してきたことが述べられています[54]。

　以上、SCSK 社が健康経営に取り組む本気度がよく伝わってくる内容が示されています。

　3つ目に、森永雄太氏の 2019 年の著書でも、ウェルビーイング経営の先進事例として SCSK 社の取り組みが取り上げられています。

　森永氏は SCSK 社の理念について、健康をきわめて重視しているけれども、それが最終目標ではなく、やりがいを介して個人の高いパフォーマンスに結実させていくことに最終目標があるとみています。社内診療所、リラクゼーションルーム、カウンセリングルームを有する SCSK 社ですが、IT 業界全体が直面していた長時間勤務という労働時間削減を目的とした、トップが旗振り役の働き方改革・経営改革が健康経営のきっかけであったといいます。しかし、トップにただ「やれ」と言われてすぐにできるほど単純なことではありません。それだけでは効果が上がらないことに気づき、従業員が主体的に取り組む仕掛けを考えたことの重要性を指摘しています。その1つが、労働時間を削減すれば短期的な業績悪化が懸念されますが、一時的に業績が悪化するとしても、それは必ず将来の発展につながるという姿勢を経営トップが打ち出したことにより、従業員が残業時間を少なくすることや有給休暇取得日数を増やしやすくなったという点です。もう

---
54) 新井・玄場編著（2019）前掲書 191-202 ページ。

1つが、残業時間が少なくなれば残業代も減るわけですが、その浮いた分を従業員に還元することで従業員の主体的な取り組みを促した点です。また、管理職が部下の仕事を丸抱えするのを防ぐべく、組織単位の残業時間の目標値設定などを行っていることも注目される点です。それから、従業員の心身の健康増進を通じた成果の向上という側面についての取り組みとして、健康の維持・増進に資するウォーキング、朝食、休肝日、歯磨き、禁煙といった行動習慣および定期健康診断結果のポイント化を挙げています。ポイントは翌年の賞与に反映されるということであり、ほとんどすべての従業員がこれに参加し、達成しているとのことです。SCSK社では、トップの要請を受けて、各ラインの管理者が取り組みを推進していくかたちがとれており、経営陣の考えをイントラネット上に公開し、従業員全員が閲覧できるようになっているそうです。各部門の管理者が、自部門の業績を高めるために健康増進を進めることが重要だという会社の考え方を認識していること、さらに、その考えが広く浸透していることで素晴らしい実績が成し遂げられているということです[55]。

　以上、SCSK社の健康経営がさまざまな研究者に注目される理由は、健康経営を行う目的と実践の手段がしっかりしていること、投資対効果が会社の関係者ではなくてもとらえやすいということが見て取れます。SCSK社は制度開始以来毎年、健康経営銘柄に選定され続けています。それは、1つ1つの行為に裏付けがある健康経営の実践内容が評価されているがゆえのことであると言えるでしょう。

☆健康経営は健康増進とともに企業価値・ブランド向上につながりうる
（サンスター日本法人各社の事例）

　化粧品・トイレタリー製造販売企業であるサンスター日本法人各社（日本法人は大阪府、サンスターグループはスイスに本社をおく）の健康経営の取り組みに着目している高橋千枝子氏の2019年の発表論文は、それが単なる流行の経営手法（マネジメントファッション）に終わらずに、企業価値・ブランド向上につな

---
[55] 森永(2019)前掲書81-92ページ。

がっていることを明らかにしています。

　高橋氏は、サンスターが、従業員の健康に投資する健康経営の取り組みからイノベーションを創出し、新しい商品・事業として育て、貨幣価値である経営成果を生み出していることに意義を見出しています。その取り組みの要点として、ⅰ）経営トップが福利厚生としてとらえられがちな健康づくりをビジネス創出へと一歩先を見据えたこと、ⅱ）健康経営は人事部門、健康保険組合、健康経営推進室など組織内のサポート部門が所管となりがちであるが、サンスターではプロフィット部門が所管となっており、継続的な収益が求められるなかでそれを達成していること、ⅲ）サンスターのブランド商品をめぐって、直販方式転換による多額の広告宣伝費投下、コールセンター要員の雇用、機能性研究、方法の有効性検証など継続的な先行投資を続けてきていること、ⅳ）サンスターの従業員の健康づくりからスタートした健康メソッドが、自社で時間をかけて開発したブランド商品を介して消費者に提供されていること、を挙げています。

　サンスター社の健康経営の取り組みの特徴として、従業員を健康にすることとサンスター独自の健康メソッドを活かしたビジネス創出が両立しており、従業員の健康増進という社会課題解決を実現するとともに、そのビジネスから創出したブランドビジネスという経済価値を実現（＝CSV）している[56]ことを指摘しています。さらに、サンスターのブランド商品とサービスが一体化しており、ブランド商品の提供を通じて同社の健康メソッドを顧客に提供していることから、商品を介した体験への消費行動、すなわち「コト消費」を実現（＝SDL）している[57]点にも触れています[58]。

　このようにサンスター社の事例の分析、考察から、健康経営は自社の従業員

---

[56] これは、PorterおよびKrammerが提唱した社会課題解決と経済価値の同時実現を目指す経営戦略であるCSV（共有価値の創造）にあたる。CSV概念の詳細についてはPorter, M. E., and Krammer, M. R. (2011) "Creating Shared Value," *Harvard Business Review*, Jan-Feb, pp.2-17を参照のこと。

[57] これは、Vargo and Luschが発表した製品・サービスの提供プロセスにおいて企業と顧客が一緒に価値を共創する考え方であるSDL（サービス・ドミナント・ロジック）にあたる。SDL概念の詳細についてはVargo, S. L., and Lusch, R. F. (2004) "Evolving to a new dominant logic for marketing," *Journal of Marketing*, 68(1), pp.1-17を参照のこと。

[58] 高橋千枝子（2019）「健康経営ブランディング―サンスターの「健康道場」の取り組み―」『マーケティングジャーナル』Vol.39 No.1, 119-130ページ。

の健康増進に資する（医療費の抑制にもつながっている）ことに加え、イノベーションを創出し、新しい商品・事業として育て、貨幣価値である経営成果を生み出し、企業価値・ブランド向上につなげられうる取り組みであるとの知見が示されています。

健康経営の実践内容を研究するにあたっての課題

　ここまで取り上げた先行研究には重要な示唆が含まれています。しかしながら、いずれも大規模法人の事例であり、中小規模法人、その他さまざまな法人の健康経営の実践内容についての研究報告はありません。

　まず、実際に企業規模（従業員数の大小）によって健康経営の投資対効果の捉え方には差異があるように思われます。例えば、大規模法人と中小規模法人では投資について資金、設備、人材面で差があり、効果についてもその捉え方が組織的か集団的かという違いがあるでしょう。ゆえに、健康経営銘柄、健康経営優良法人（大規模法人部門）に認定されている法人の事例と、健康経営優良法人（中小規模法人部門）の認定を受けている法人の事例の両方を考察することが大切です。社会の中にはさまざまな法人が存在します。株式会社の企業だけが法人ではありません。例えば、病院や社会福祉施設もまた、組織、集団を構成しており、健康経営に取り組んでいるところもみられます。

　また、健康経営は年々その内容をアップデートしています。可能な限り新しい事例をみなければ、認識にズレが生じかねません。かつては今ほど職場で働く人々の健康が可視化されていませんでした。しかし、昨今の保険者と事業所のコラボヘルスの浸透や職場における働きやすさの追求、エンゲイジメント（またはエンゲージメント）への関心の高まりなど、健康経営の内容が明確になってきています。

　このようなことから、あらゆる法人が展開する新しい事例をみなければ健康経営の実際を知るということにはならず、現在の健康経営の実践を対象とする必要があります。そこでまず、規模の大きな企業の健康経営の先進的な実践内容について次節でみていきましょう。

第2節　大規模企業の健康経営の事例

　本節では、規模の大きな企業の健康経営の事例として大阪ガス株式会社、花王株式会社の健康経営の実践内容をそれぞれ取り上げます。大阪ガス社は本書第1章で述べましたが、岡田邦夫氏が統括産業医を務めてきた健康先進企業です。花王社もまた、従来から働く人の健康の重要性を認識していた企業です。

☆大阪ガス株式会社の健康経営の実践内容[59]

　1905年創業の大阪ガス株式会社は、大阪府大阪市に本社を置く企業です。従業員数は約1,100名（連結約21,000名）であり、エネルギー、ライフ＆ビジネスソリューション事業を手掛けています。

　大阪ガス社は、安全の確保と健康な心身の維持向上がすべての業務の基盤であると位置づけ、1970年代から職場で働く人々の健康づくりに取り組んできました。

　社内に健康開発センターを設置し、定期健康診断を実施した当日のうちに受診者全員に結果の説明と、結果に応じたアドバイスや保健指導を行っていること、定期健康診断結果などの経年データから従業員の健康に関する課題を把握して、予防の取り組みを強化していることが特徴です。

　近年においては2021年に、生涯にわたって健康であることは、従業員はもとより社会に対しても大きな意義があるとの考えから、図4-2のようにグループ（Daigasグループ）で健康経営宣言を行っています。

　そして、この健康経営宣言に基づき、「体重」、「食事」、「運動」、「飲酒」、「禁煙」、「睡眠」、「ストレス」について従業員の健全な生活習慣を担保するための行動指針「Daigasグループ行動指針"ヘルシー7"」を策定し、周知させ、それぞれ会社が具体策を用意、提供しています（図4-3）。健康診断の際の生活習慣問診と、健康開発センター医療職による組織・個人への指導・助言を通じて7項目の実施状況を把握し、当該組織・個人にフィードバックしているとのことです。

---

[59] 本事例は、筆者が2024年3月にDaigasグループホームページ（https://www.daigasgroup.com/）を閲覧し、その中で公開されている健康経営に関する情報を参考にして記述したものである。

第4章 健康経営の先進的な実践内容とその効果　87

　Daigas グループでは、従業員が心身ともに健康で、能力と個性、自主性を存分に発揮することにより、仕事のやりがいが向上し、お客さま、社会、株主さま、従業員の期待に応える価値を創造できると考えています。

　Daigas グループは一体となって積極的に健康づくりに取り組み、心身ともに活気にみちあふれる従業員と活力ある職場を通して、暮らしとビジネスのさらなる進化のお役に立つ企業グループを目指します。

図 4-2　Daigas グループ健康経営宣言の内容

（出所）Daigas グループホームページ「（参考情報）安全健康活動計画」（https://www.daigasgroup.com/sustainability/society/safety.html）より筆者作成。

・体重：健康習慣を身につけ、適正体重を目指し、維持しましょう
・食事：朝食から3食抜かずに食べる等の正しい食事習慣を身につけましょう
・運動：適度な運動を継続する習慣をつけ、体力づくりとリフレッシュを図りましょう
・飲酒：過度な飲酒を控えましょう（お酒は楽しくほどほどに）
・禁煙：就業時間内は喫煙を控え、タバコによる病気を防ぎ、受動喫煙もなくしましょう
・睡眠：ワーク・ライフ・バランスを図り、十分な睡眠時間を確保しましょう
・ストレス：ストレス状態を把握して、適切に対処しましょう（一人で悩まず、相談を）

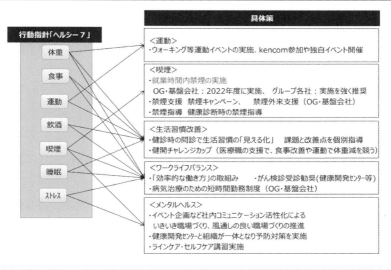

図 4-3　Daigas グループ行動指針 "ヘルシー 7" の具体的な取り組み

（出所）Daigas グループホームページ「行動指針（ヘルシー 7）」より一部作成、一部転載。

健康関連の最終的な目標指標は「医療が必要な人の低減」です。医療が必要な人とは、健康開発センターでの定期健康診断検査結果と、私傷病を含む既往症の問診により診察医師が総合判定した結果が、①治療は要しないが経過観察が必要、②治療が必要となった従業員です。健康経営で解決したい経営課題は、いきいきと活力のある職場となり、従業員エンゲージメントが向上すること、としています。Daigas グループでは、健康経営の推進により医療が必要な人を減少させ、いきいきと活力のある職場を目指すことで従業員のエンゲージメントの維持・向上に貢献していく、としています。

　さらに、メンタルヘルス対策の推進にも工夫しています。Daigas グループのサステナビリティレポート（「Daigas グループ Sustainability Report 2023」79 ページ）によれば、

① ストレスチェックの集団分析を行い、組織総務にフィードバックを行って組織での職場環境改善を促しています。課題によって医療職がさらに詳細に集団分析を行い、組織長へフィードバックするとともにより良い職場づくりに向けた意見交換を実施し、組織総務と健康開発センターが共同で職場環境改善に取り組んでいます。
② 若手向けメンタルヘルス対策として新入社員向けに健康に関するアンケートを実施、2 年目社員には健康診断時にストレスの問診と個別ヒアリングを実施し、必要に応じて職場の上司と連携し適切な対応をとっています。
③ 管理監督者向けには事例を中心としたメンタルヘルス研修を実施しています。

というように、Daigas グループにはメンタルヘルス不調を早期発見・未然予防する仕組みがあります。

　こうした健康経営の実践の結果として、大阪ガス社では健康経営の効果があらわれており、医療が必要な人の割合は 2020 年に 45.5% でしたが、2022 年には 43.0% となっています。

　また、業務パフォーマンス指標としてアブセンティーイズム、プレゼンティーイズム、ワーク・エンゲイジメントの測定を行っており、アブセンティーイズ

ムは、傷病による休業が連続14日以上となった者の3月末時点の全従業員数に占める比率を測定しています。2021年、2022年ともに0により近い数値を示しています。プレゼンティーイズムは、東大1項目版（0〜100%）を用いた従業員調査を行い、パフォーマンス発揮度の全従業員平均を測定しています。2021年、2022年とも約80という数値を示しています。ワーク・エンゲイジメントは、ストレスチェック時に測定し、実績値を偏差値で算出しています。2021年、2022年とも約51という数値が示されています。

　大阪ガス社は、健康経営優良法人大規模法人部門ホワイト500に2018年から5年連続で認定されていましたが、2023年および2024年には健康経営銘柄に選定されました。大阪ガス社には健康施策を進めるにあたって企業が有する資源に優位性がある点が強みですが、職場で働く人々の健康状況を数値化し、効果と課題をつかむ工夫がなされています。

☆花王株式会社の健康経営の実践内容[60]

　1887年創業の花王株式会社は、東京都に本社を置く企業です。従業員数は約8,500名（連結約33,500名）を数え、ハイジーン＆リビングケア、ヘルス＆ビューティケア、ライフケア、化粧品、ケミカル事業を展開しています。

　花王社は、2012年にDBJ（日本政策投資銀行）よりDBJ健康経営格付融資に第1号選定を受けています。また、2015年より2024年までの間に健康経営銘柄に9回選定されています。まさに十分な実績を有する先進的な健康経営の実践企業と言っても過言ではありません。ここでは、2017年の中期計画策定後から現在までの健康経営の実践内容についてみてみることにします。

　花王社は、世界の人々の「清潔」、「美」、そして「健康」を願い、豊かな生活文化の実現に貢献することを目指している企業です。このことは、健康な社員と家族があってこそ達成可能と考えており、今日のように健康経営が世の中で言われるようになる前の2008年に、経営トップの意思を表明したグループの「健

---

[60] 筆者は花王グループホームページ（https://www.kao.com/jp/）を閲覧し、その中で公開されている健康経営に関する情報を参考にして2022年9月に本事例を日本経営学会で発表した。ここでは、その学会発表の内容と後の2024年3月に花王グループホームページを閲覧した際に更新が確認できた情報とを合わせて記述している。

康宣言」を発表し、全社員に配布しています。図 4-4 は現在ホームページで公開されているその内容です。花王グループの最も重要な資産は「人」であることか

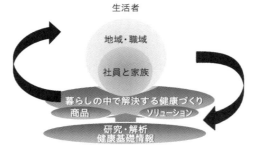

私たちは、日々いきいきと
健康づくりに取り組むとともに
社内外のエビデンスに基づいた確かなヘルスケアを
社員・家族だけでなく
地域・職域・生活者のみなさまへ展開し
すこやかでこころ豊かな暮らしをともに実現していきます。

Well-being
一人ひとりのよりよい状態へ

花王グループは、社内外の健康基礎情報の解析とヘルスケア知見から生まれた商品やヘルスケアソリューションを自社の健康経営®に取り入れ、社員と家族が参画する実践型の健康づくり活動を進めています。
自社の取り組みのうち優れた事例や知見については、地域・職域・生活者の皆さまに積極的に展開し、すこやかでこころ豊かな生活の実現を支援していきます。

※「健康経営®」は、NPO 法人健康経営研究会の登録商標です。

健康宣言　3つの取り組み

▍生活者とともに
- 生活者が暮らしの中で取り組む商品・ヘルスケアソリューションを提供します。

▍地域・職域とともに
- 自社の取り組みの優良事例を、積極的に公開し、地域・職域へ提供します。

▍社員・家族とともに
- 社員と家族の主体的な健康づくりの取り組みを積極的に支援し、元気で活力ある職場の実現をめざします。

図 4-4　花王グループの健康宣言の内容

（出所）花王グループホームページより一部作成、一部転載。

ら、花王社では人財開発のベースとなる健康支援、健康づくりを積極的に推進してきており、健康意識（ヘルスリテラシー）の高い社員を増やし、自らが健康を維持増進する健康づくりを促進してきました。現在では、「社員活力の最大化」と「医療費の適正化」を、健康経営で解決したい経営課題に位置付けています。

　花王社の健康経営の特徴の１つは、健康づくりの推進体制を組織化してきたことです（図4-5）。健康づくり施策はコラボヘルスを推進し、施策の立案は健康保険組合とスタッフ部門（健康開発推進部）が一体となって行い、月に一度、定期的なミーティングを開いてきました。主な施策については会社の経営層、社員代表も交えて健保組合会・健康開発推進会議（健康づくり推進会議）という施策を決定する会議において決められ、各事業所には、健康実務責任者、健康実務担当者、産業医、看護職といった保健スタッフが適切な人数で常駐しており、それぞれの現場でさまざまな健康づくりの施策を推進してきました。

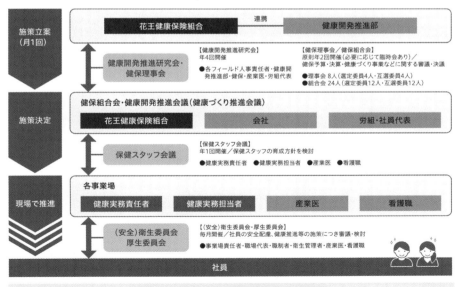

図4-5　健康づくり推進体制の組織展開

（出所）花王（2022）「花王サステナビリティ データブック Kirei Lifestyle Plan Progress Report 2021」201ページより転載。

また、会社と健康保険組合が連携して花王グループ健康宣言の実現に向けたPDCAサイクルである「健康づくりマネジメントシステム」を推進してきました（図4-6）。

　花王社の健康経営のもう1つの特徴は、PDCAサイクルの中でも重要である健診データ、生活習慣、医療費データ等の経年比較を、グループ会社別、事業所別、職種別等の視点から行う「健康白書」を毎年作成してきたことです。これにより、現状、課題および取り組みの進捗を確認し、事業所において健康づくりを推進する責任者は、分析および全社の方針に基づいて事業所の特色に応じた健康づくりに取り組んできました。

　また、近年においては、ストレスチェックや問診で得たグループ社員の回答を会社独自の計算式にあてはめ、指標として公表しています（例えば、ワーク・エンゲイジメントの高い社員率、プレゼンティーイズム、アブセンティーイズム、高ストレス者率など）。

　健康経営の実践の結果として、花王社では次のような効果があらわれています。

・早期発見・早期治療が最も重要であると考え、二次検査受検率は96.0％、保

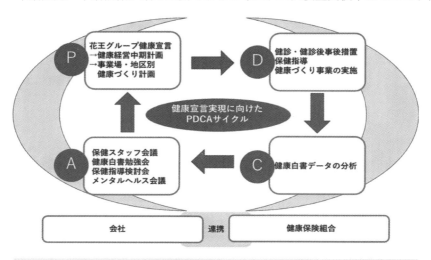

図4-6　健康づくりマネジメントシステム

（出所）花王グループホームページより転載。

健指導にも力を入れている。こうした取り組みの結果、生活習慣病リスク保有者は他健保よりも低く抑えられており、年代別医療費も低いとの成果が出ている。
・健診有所見率は、2020年、2021年と上昇傾向にあったが、2022年に落ち着いてきている。生活習慣関連問診も同様である。
・メンタルヘルスに関しては、高ストレス者の比率は低減している。ワーク・エンゲイジメントなどの比率はほぼ横ばいであるが、メンタルを理由とした長期休業者が上昇傾向にあり、対策に取り組む必要がある。

　花王社は事業の内容から「健康」と結びつきが強い企業であり、自社の技術を活用した健康増進プログラムで社員と家族の健康づくりの継続を促しています。また、近年進められているプロジェクトの一部を自社だけの活用に留めることなく、外部ステイクホルダーの健康づくりにも役立てています。
　花王社の健康経営の実践内容からは、規模の大きな企業が健康経営を行うにあたり推進体制の組織化を図ること、および健康データの分析と活用の重要性が見て取れます。

　以上でみた大阪ガス社、花王社といった大規模企業の健康経営には、「堅実さ」がうかがえます。それは、早くから会社が社員の健康を考えてきたことからなのでしょう。一日の長というものが感じられます。いずれも健康経営銘柄に選定された実績を有する企業であるだけに、健康経営を組織として実践する意義がよく伝わってきます。
　では次に、中小規模企業の健康経営の先進的な実践内容についてみていきます。

第3節　中小規模企業の健康経営の事例

　筆者は広島県に所在する大学に2019年から勤務しています。そのため、中小規模の企業の健康経営については広島県内の事例に目を向けてきました。中小規模の企業の健康経営は、前節でみてきた規模の大きな企業の健康経営とどのよう

な違いがあるのでしょうか。ここでは、株式会社オガワエコノス、ベンダ工業株式会社、株式会社マエダハウジングの健康経営の実践内容を取り上げてみていきます。

☆株式会社オガワエコノスの健康経営の実践内容[61]

　1952年創業の株式会社オガワエコノスは、広島県府中市に本社を置く家庭や事業における廃棄物の収集運搬、処理・再生をはじめとする事業を展開する企業です。従業員数は約250名であり、協会けんぽ加入企業です。

　もとより会社の経営方針である「三方よし」に基づき、従業員とその家族が心身ともに健康でなければ利用者に喜んでいただける「いい仕事」はできない、という経営の考え方から健康づくりに取り組んでいたとのことですが、2014年に協会けんぽ広島支部による「健康経営」の紹介をきっかけに、「予防」「治療」「共生（復職）」の3つの観点から健康経営の取り組みを開始しています。

　オガワエコノス社では、社員の精神的・身体的・社会的な安心安定（ウェルビーイング）の環境づくりと維持向上のために、「働きがい」、「生きがい」の創出に努めています。仕事と育児・介護、治療・健康、社会生活のサポートについて両立支援に力を入れています。そこで、時間外労働を削減するための社内表彰制度を設立しており、年次有給休暇取得促進のための計画表作成などの取り組みを推進してきました。それから、社内に「マインドフルネスセンター」を設置し、専門的・包括的なケアを実施しています。

　マインドフルネスセンターは、働きやすさ、生きがい、心身の健康を追求すべく専門家と共同運営しています。社内のエクササイズ、マインドフルネス瞑想、栄養学、整体、ヨガなどに加え、社外でも健康イベントを開催して地域の健康づくりを応援しています。また、専門家のカウンセリング等による心のケア、治療に合わせた両立支援プラン策定など当事者に寄り添ったサポートを実践しています。

---

61) 本事例は、筆者が2024年3月に株式会社オガワエコノスホームページ（https://www.o-econos.com/）、広島県ホームページ（前掲）、協会けんぽ広島支部（2022）「ひろしま企業健康宣言好事例集（第3版）」、厚生労働省ホームページ「治療と仕事の両立支援ナビ」（https://chiryoutoshigoto.mhlw.go.jp/）を参考にして記述している。

こうした健康経営の実践の結果として、オガワエコノス社では次のような効果があらわれています。

- マインドフルネスセンターの活動により、社内でもエクササイズ等による笑顔が増え、社員同士で「お互い様」「おかげ様」などの声が聞かれるようになった。
- 長期療養、出産、育児、介護、災害被害等で仕事を辞めるという事例がなくなった。
- 今まで病気が発見されることを避けていた社員も健康診断後の再検査を積極的に受診し、受診率100％を達成している。

オガワエコノス社は2017年より健康経営優良法人（中小規模法人部門）に認定されています。2022年にはブライト500に認定されました。両立支援については、2018年に厚生労働省の、治療しながら働く人を応援する情報ポータルサイトである「治療と仕事の両立支援ナビ」に取り組み事例が取り上げられました。2021年4月には広島県健康経営優良企業表彰制度における記念すべき第1回の表彰企業に選ばれています。主な表彰理由は、「時間外労働を削減するための社内表彰制度の設立をはじめ、年次有給休暇取得促進のためのオリジナル計画表の作成など独自の取り組みを推進し、時間外労働の削減、売上の増加といった効果をあげた」ことや、「インストラクターと契約し、ヨガ、マインドフルネス（瞑想）のトレーニングを導入するなど心身両面の健康づくりに取り組んでいる」ことでした。事例を通して社員思いの健康経営であることが伝わってきます。

☆ベンダ工業株式会社の健康経営の実践内容[62]

1964年創業のベンダ工業株式会社は広島県呉市に本社を置く自動車部品製造

---

62) 筆者は、ベンダ工業株式会社ホームページ（https://www.benda.co.jp/）、経済産業省（2021）「健康経営優良法人2021(中小規模法人部門)認定法人取り組み事例集」、広島県ホームページ（前掲）、広島県（2022）「令和3年度表彰企業の取り組み事例」、協会けんぽ広島支部（2022）前掲資料、ベンダ工業社社長が健康経営に関するラジオ番組に電話出演した放送内容、筆者が求めた質問紙へのベンダ工業社総務からの回答内容を参考にして2022年9月に本事例を日本経営学会で発表した。以下は、その学会発表の内容をもとに2024年3月に記述したものである。

企業です。従業員数は約150名を数えます。グループ全体では従業員1,000名程度で、日本、韓国、中国、タイの4か国でリングギアやドライブプレートと呼ばれる製品等を主として設計、製造、販売する事業を展開しています。

　ベンダ工業社は協会けんぽ加入企業であり、協会けんぽ広島支部が運営する独自の健康経営の仕組み（詳細は本書第2章補論を参照してください）に参加してきました。ベンダ工業社では、かつて従業員が重病（がん罹患）により相次いで休職や離職をしており、また、社内に数名しかいない「匠」と呼ばれる永年勤続優秀社員も就業中に脳梗塞を患い退職してしまったのだそうです。さらには、代表取締役会長であった現社長の父親も出張先で急逝したという過去があり、こうした経験が社長の健康経営に向き合うきっかけであったといいます。2017年に「社員の皆さんに健康で永く働き続けて頂ける会社を目指す」との方針を記した「健康経営宣言」を社内外に発信し、健康経営の取り組みを開始しています。経営者である社長自身が率先し健康づくりに取り組むこと、および社内での主管部門、総務部の中に日頃から健康意識が高い推進担当者を人選することをとくに重視しています。

　ベンダ工業社の健康経営の特徴の1つは、協会けんぽ広島支部が推進する独自のツールである「ヘルスケア通信簿®」（本書第2章補論の図2補-2）を活用していることです。通信簿には3年間の健診結果や実際の医療費を基にした自社の健康に関する特徴や分析結果がまとめられており、これにより加入企業全体の中での相対的位置を把握できるわけです。ベンダ工業社では運動機会増進のために会社オリジナルのユニホームを作成し、従業員がそれを着て協会けんぽ主催の中小企業合同運動会、地域のリレーマラソン大会、ウォーキング大会、ソフトボール大会等へ参加するように促しているそうです。

　ベンダ工業社の健康経営のもう1つの特徴は、従業員の健康悪化防止のために社内で徹底した対策がとられていることです。例えば、全社員の健診結果から、問題がある所見者に個別に産業医による健康相談を実施しています。また、有給休暇の取得、長時間労働について毎月行う安全衛生委員会や働き方改革委員会で状況を報告し、対策を考えて実施しています。長時間労働者にはセルフチェックを実施し、必要な場合には産業医との面談を促しています。

こうした健康経営の実践の結果として、ベンダ工業社では次のような効果があらわれています。

・従業員同士で現状の体重と目標の体重をホワイトボードに書いて競い合ったり、食事後に歯を磨く人が増えたり、経営者、従業員ともに健康に対する意識が定着してきている。
・休職者の減少、身体の不調が理由の退職者がいなくなったことで、生産性を低下させることなく操業できている。
・有給休暇の取得日数が増加し、1人当たりの有給取得日数が2018年度の9.5日に対して、2020年度は11.1日になった。
・1人当たりの時間外労働時間/月が2018年度の24時間に対して、2020年度は8時間20分となった。

　実践開始からの月日はそれほど経っていないものの、経営者、社員ともに健康に対する意識が定着してきていることを実感しているようです。社長によれば、社員のモチベーションアップと業績の向上にも繋がりつつあるようにみえるといいます。ベンダ工業社では全ての社員が健康で長く働き続けられるよう、会社が良きお節介として引き続き中長期的視点で健康経営に取り組んでいくとしています。

　ベンダ工業社は2019年から6年連続で健康経営優良法人中小規模法人部門に認定されています。2021年と2022年はブライト500に認定されました。2022年3月には広島県健康経営優良企業表彰制度における第2回の表彰企業に選ばれました。評価された取り組み内容は、「社内の主管部門・総務部に健康意識の高い推進担当者を人選し、取り組み体制を整えている」、「毎月委員会を開いて長時間労働の状況を把握、対策を考えて実施している」、「全社員のカウンセリングを実施し、メンタルヘルス対策につなげている」ことでした。社長の過去の経験が、現在の社員一人ひとりに向き合う健康経営の実践につながっていることがうかがえます。

☆株式会社マエダハウジングの健康経営の実践内容[63]

　1993年に創業を開始した株式会社マエダハウジングは広島県広島市に本社を置く、総合工事を手がける企業です。従業員数は約60名であり、協会けんぽ加入企業です。

　マエダハウジング社が健康経営を開始するきっかけとなったのは、経営者自身が悪化した人間ドックの数値を運動や食事を見直すことで改善した経験、そして、経営目標の達成および「地域で輝く100年企業になる〜幸せな暮らしと笑顔あふれる広島をつくる〜」という会社のビジョンの実現には、社員の満足や健康なくして成り立たないという思いからであったといいます。「社員の健康なくして会社の成長は成り立たない」、これが会社の信念になっています。

　マエダハウジング社では社員に生活習慣病予防健診の100％の受診を徹底しています。健康経営の取り組みの特徴として、国民の半数ががんに罹患すると言われている現代であるがゆえ会社を挙げてがん対策に力を入れています。"Teamがん対策ひろしま"に参画し、社員にがんのリスクについて情報を提供しています。社員の家族まで含めて希望者に自宅で行える死亡率トップのがん6種類のリスク検査を実施しており、費用の半額を会社が負担しています。ほかにも、会社独自のヘルスチェックシートで社員の健康状態を把握することや、各事業所はストレスチェック義務の対象外ですが、自主的にストレスチェックを実施して仕事量や職場環境の確認を行っています。こうしたことが評価され、協会けんぽ広島支部から「健康づくり優良事業所」に認定されています。また、時間がかかってしまう仕事をいかに減らしていくかが会社の課題であったため働き方の工夫として、超過勤務時間削減のための業務見直しに加えて個人面談を実施しています。仕事の特性上、現場監督業務が多いわけですが、現場監督の1日の移動にかかる時間削減を目的とした遠隔現場管理ロボットやカメラの導入といった現場業務の効率化、内勤の仕事についても経理や販促業務にRPA（ロボティック・プロセス・

---

[63] 本事例は、筆者が2024年3月に株式会社マエダハウジングホームページ（https://www.maedahousing.co.jp/）、広島県ホームページ（前掲）、広島県（2023）「令和4年度表彰企業の取り組み事例」、日本創生のための将来世代応援知事同盟「令和5年将来世代応援企業表彰（表彰詳細）」を参考にして記述している。なお、必要なことについては質問紙をお送りし、確認を行った。

オートメーション）を導入するといった定型事務作業の自動化を進めています。これらの実施はまさにDX（デジタルトランスフォーメーション）の推進ですが、これによって正社員がよりコアとなる業務に携わることができ生産性の向上、ひいては健康リスクの低減につなげられているといいます。それから、パートタイマーを含む全従業員に時間制有休を導入して、テレワークや時差出勤などの働き方改革を推進しています。徹底したヘルスケア対策と技術進展を大いに活用した働き方改革は印象的な取り組み内容に映ります。

こうした取り組みを行ってきているマエダハウジング社は、健康経営優良法人（中小規模法人部門）に2019年から6年連続で認定されています。2022年には日本創生のための将来世代応援知事同盟より優秀将来世代応援企業賞に選ばれました。2023年3月には広島県健康経営優良企業表彰制度における第3回の表彰企業に選ばれています。評価された取り組み内容は、「自宅で受検可能ながんリスク検査を同居の家族を含む希望者に実施し、費用の半額を会社が負担している」、「ヘルスチェックシートで毎日社員の健康状態を把握している」、「RPA導入による事務の自動化などのDXによる生産性向上、時間制有休やテレワークの導入によりワーク・ライフ・バランスを実現している」ことでした。

マエダハウジング社は「働き方改革＝早帰り、休日増」ではなく、これからは「働きがい」にシフトして人的資本経営を進めていきたいと考えています。従業員が「働きがい」を感じられる会社づくり、その一環として健康経営による両立支援の充実を今後の課題としてとらえています。

筆者の住まいの近くにマエダハウジング社の店舗がありますが、この研究を行っているからでしょうか、店舗のそばを歩く度に健康経営で表彰された企業であることを思い出します。

本節で取り上げた3社の健康経営の実践内容は、これから取り組もうとする中小規模の企業が参考にすべきポイントが多く含まれていることでしょう。これまで既に実践していて課題を感じている企業もまた、事例を参考にして健康経営の質を高めていくことが大切であると思います。

第4節　医療法人および社会福祉法人の健康経営の事例

　健康経営はみてきたように、株式会社で熱心に取り組みが進められてきています。それだけに、そうした企業の取り組みに注目が集まりがちですが、健康経営優良法人は、あらゆる法人を認定の対象としており、例えば、医療法人や社会福祉法人においても健康経営を実践し、健康経営優良法人に認定されているところがあります。そこで、本節では特定医療法人財団博愛会および社会福祉法人アンダンテの事例を取り上げてみていきます。

☆特定医療法人財団博愛会の健康経営の実践内容[64]

　医療サービスを利用する方々を診療、治療する病院においても、健康経営は取り組まれています。その先進的な実践として特定医療法人財団博愛会の事例をみてみましょう。

　1985年に財団を設立した博愛会は福岡県福岡市に所在し、医療、健康、介護事業を手掛けています。職員は約550名であり、協会けんぽに加入している法人です。

　博愛会では図4-7のように健康宣言を示しています。この健康宣言は経営トップである理事長が経営者としての思いを込めて考えたものであり、2012年に明文化して以来今日までその内容はほぼ変わっていません。職員をはじめ、地域の方々の健康を考える組織を目指すという意識がよく伝わってきます。

　博愛会では図4-8のように健康経営の推進体制を示しています。

　職場で健康経営を開始して、それを継続的に実践してゆくには、理事長をはじめ経営幹部の考えが大きく影響します。博愛会では財団管理会議（経営会議にあたるもの）を毎月行っていますが、2012年当時、売上や利益も大切だが、やはり働いてくれる職員が健康で幸せになることが組織にとって最も大切であり、それが経営のベースであるという考えにより、財団管理会議の名称を健康経営会

---

[64] 本事例の大枠は、筆者が2024年3月に特定医療法人財団博愛会ホームページ（https://www.hakuaikai.or.jp/）を参照して記述している。なお、必要なことについては質問紙をお送りし、確認を行った。

> 　博愛会では、予防・医療・介護を地域の皆様に提供する立場から、まず職員自身が健康を意識し、積極的に健康づくりに取り組んでいくことが必要と考え、健康で元気に働ける環境を構築します。
>
> 　健康に関する正しい知識をご利用者様や地域の方々へ提供していくことが博愛会の使命と位置づけ、健康活動をさらに推進していきます。
>
> ― わたしたちは「健康」を意識し、家庭や職場で「健康活動」を続けていきます。
> ― わたしたちは「健康」を共有するために、「健康情報」を地域に発信していきます。
>
> 【博愛会がめざすもの】
> Good People
> Good Communication
> Good Work & Life

図4-7　特定医療法人財団博愛会の健康宣言の内容

(出所) 特定医療法人財団博愛会ホームページより筆者作成。

議へと変更した経緯があります。健康には「体の健康」と「心の健康」があり、両方の側面から具体的な施策を考えていく必要があります。そのため実質的な取りまとめは健康管理室が中心となり、これに関係する部署と連携しながら推進しています。例えば、「精密検査受診率アップ」という課題であれば、健康管理室が中心となり、人事課、健診センター、労働安全衛生委員会と連携しながら受診率向上に取り組む体制をとっています。博愛会は医療機関ということもあり、協会けんぽ福岡支部と業務上の連携を行っています。博愛会自身においても協会けんぽ福岡支部から通知される「事業所カルテ（事業所全体の健康診断結果や県内でのランキングなど）」を活用して、課題の把握、対策の立案に活用しています。

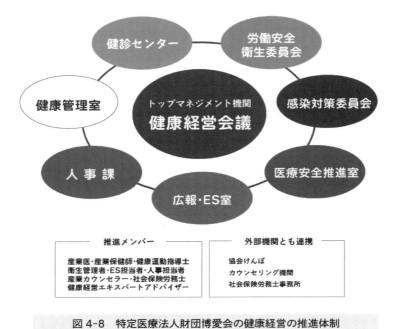

図4-8　特定医療法人財団博愛会の健康経営の推進体制

（出所）特定医療法人財団博愛会ホームページより転載。

　博愛会は、地域に根差し、住民に信頼される予防・医療・介護・福祉サービスの提供が社会的価値であり、職員のウェルビーイングを追求し、生産性と幸福度を高めることが企業価値であると自認しています。健康経営で解決したい経営課題は、「人を大切にする経営の実践によるES（Employee Satisfaction）の向上」ということです。何のために健康経営を実践するのかを、ステイクホルダーが理解しやすいように示されています。具体的な実践内容として、ロコモ（ロコモティブシンドローム：運動器症候群）教室、ロコモ健診、地域（院外）での健康教室、職員向けの健康教室を基盤とする健康推進プロジェクトを行っています。それから、職員を対象に法定で決められた検査項目以上の内容の健康診断を実施し、また、健康診断の項目ごとに目標値を定め、健診結果と比べて分析・検討し、次年度のアクションプランを立て実行しています。地域や学校に対しては、地域での行事の際に博愛会だからこそできる活動（例えば、健康相談、救護班、車いす体

験会の開催など)を実施しています。職員に向けては、病院施設の一室を「フィットネス博愛」としてヨガなどの健康教室も開催しています。「予防」、「健康増進」、「医療機関としての地域住民への貢献」が健康経営の実践内容の柱になっており、これらのことはいずれも医療機関の強みを活かした取り組みと言えます。

博愛会では、こうした健康経営の実践の結果を「ワーク・ライフ・バランス指標」として示しており、「有給休暇平均取得日数」、「ワーク・エンゲイジメント」、「アブセンティーイズム」、「プレゼンティーイズム」、「生活全般の満足度」、「職員の健康意識」などを数値化して把握しています。これらは「組織風土」や「心の健康」をつかむために大切な指標ですが、医療機関であることから医療資源を活かして「体の健康」の指標である「健診結果の改善」にも力を入れています。健康経営を開始するにあたっていくつかの大きな健康投資をしてきているわけですが、博愛会の職員の方々にとっては働きやすくなったこと、病気(例えば早期がん)の発見などにメリットが生じているということです。

博愛会は 2013 年に全国の医療機関、そして九州で初めて DBJ (日本政策投資銀行)の健康経営格付において「従業員の健康配慮への取り組みが特に優れている」として「A ランク」の格付けを取得しています。また、健康経営優良法人認定制度(大規模法人部門)に 2017 年から 8 年連続で認定されています(そのうち 7 年はホワイト 500 に認定)。先進性はもちろんのこと、地域の方々、医療機関として人を大切にするという健康経営の取り組みがしっかりと評価されています。

これから年月が経てばその分職員の平均年齢も高くなるため、健康課題も変わっていきます。そうした変化に合わせた健康経営施策に変えていく必要を博愛会では今後の課題として感じているとのことです。

☆社会福祉法人アンダンテの健康経営の実践内容 [65]

障がい福祉サービスを手がける社会福祉施設においてもまた、健康経営は取り組まれています。その実践の事例をみてみましょう。2006 年設立の社会福祉

---

65) 本事例は、筆者が 2024 年 3 月に社会福祉法人アンダンテホームページ (https://www.joyjoywork-andante.jp/)、広島県ホームページ(前掲)、広島県(2022)前掲資料、協会けんぽ広島支部(2022)前掲資料を参考にして記述している。

法人アンダンテは広島県福山市で福祉・介護等の事業を展開しています。職員は約60名であり、協会けんぽに加入している法人です。

2017年に協会けんぽ広島支部から届いた案内によって「健康経営」という言葉を初めて知り、衝撃を受けたことが取り組みのきっかけといいます。「職場に欠けているのはもしかしたら健康経営なのかもしれない、しっかり取り組めばきっと良いことがあるはず」、という思いで開始したとのことです。

アンダンテの健康経営の特徴の1つは、仕事と治療の両立支援のため、職員の私傷病による休職および復職に関する規定を導入していることです。これにより、職員が治療を受けながら、安心して働ける環境づくりにつなげています。

アンダンテの健康経営のもう1つの特徴は、「仕事も家庭もどちらも大好き」な職員を増やすことを目標に、毎日のラジオ体操、料理教室の開催、健康講座の開催、社内ラインでの健康情報の発信、ノー残業デーの設定（毎週水曜日）、職員配置増による時間外労働削減、時間有休の導入、ストレスチェックの実施など、健康意識向上から過重労働対策、メンタルヘルスにいたるまで実践内容がさまざまであることです。

こうした健康経営の実践の結果として、アンダンテでは次のような健康経営の効果があらわれています。

・2016年までは新卒社員がいなかったが、2017年から毎年新卒社員が入社するようになった。
・2016年までは離職率が60%を超えていたが、2017年以降は離職者がいなくなった。
・2020年には月30時間を超えていた残業時間が7時間に減少した。
・職場環境の改善、各種制度の導入により職員のモチベーションが上昇し、好循環が生まれている。

アンダンテは2019年から6年連続で健康経営優良法人中小規模法人部門に認定されています（2021年からは4年連続でブライト500に認定）。また、2022年3月には広島県健康経営優良企業表彰制度における第2回の表彰企業に選ばれて

います。評価された取り組み内容は、「仕事と治療の両立支援のため、職員の私傷病による休職及び復職に関する規定を導入し、職員が治療を受けながら、安心して働ける環境につなげている」、「毎日のラジオ体操や健康講座の開催、社内ラインでの健康情報発信など従業員の運動不足解消・健康意識の向上に取り組んでおり、また、ノー残業デーや時間有休の導入、ストレスチェックの実施など過重労働・メンタルヘルス対策にも積極的に取り組んでいる」ことでした。

今後も組織が一丸となった健康経営を行い、職員全員にこの職場に入って良かったと言ってもらえる日本一社員思いの法人にしたい、との意気込みを示しています。アンダンテの健康経営は、福祉・介護事業に必要なやさしさが伝わってくる実践内容です。

本節でみた特定医療法人財団博愛会および社会福祉法人アンダンテは非営利事業を営んでいる法人ですが、2つの職場が実践する健康経営と営利事業を営む株式会社のそれとを比べてみて大きな差異はみられないように思われます。

第5節　健康経営が職場にもたらす効果とは

本節は、本書のタイトルに答えるところになります。健康経営は職場にどのような効果をもたらすのでしょうか。

数年前までは、健康経営の実践について「効果と言える効果はない」ということを私自身耳にしてきました。本章では、とりわけ先進的な実践内容をみてきましたが、事例の多くからは健康経営が職場にもたらす効果が具体的なかたちであらわれてきたことが見て取れます。

先進的な健康経営の実践として、1つ目に心身の健康のバランス、予防と健康増進のバランスが意識されています。2つ目に、働く人が仕事によって健康を害することを防ぐ対策がとられています。3つ目に、働く人が良い職場環境のもとで良いコンディションで仕事にあたれるようにする工夫が見られます。また、働く人が働きがいをもって仕事ができるよう、職場が健康増進の機会を提供しています。これらのことが、法人全体の組織的成果と働く人々の健康・充実感の向上

に寄与しています。健康経営は職場にこうした効果をもたらすということがみえてきました。ただし、規模の大きな職場と規模の小さな職場とでは、健康経営の目的と効果に大きな違いこそありませんが、効果のとらえ方が異なっています。

　規模の大きな職場について例えば大阪ガス社では、組織としての「アブセンティーイズム」、「プレゼンティーイズム」、「ワーク・エンゲイジメント」を数値化して公表しています。花王社や特定医療法人財団博愛会にもみられるように、大規模法人は効果の把握を指標に頼る志向があると言えます。考えてみれば、大きな組織にとって全従業員の健康というものはとてもつかみ難いものと言えます。だからこそ可能な限り健康状態を測定し、数値化して把握することが行われているのです。

　規模の小さな職場については、オガワエコノス社、ベンダ工業社、マエダハウジング社、社会福祉法人アンダンテでは、「アブセンティーイズム」、「プレゼンティーイズム」、「ワーク・エンゲイジメント」といった指標は全く用いられていませんでした。例えばベンダ工業社では、健康を理由に休職や離職をする従業員が減少したことや職場の一体感が高まったといった事実そのもので効果を実感しています。

　規模の大きな職場の健康経営は、その仕組みづくりには相応の投資が必要であり、それだけに実践の結果である効果を測定、数値化し、組織内の人と外部の人双方が把握できるようにする必要があると言えます。規模の小さな職場の健康経営は規模の大きな職場に比べて投資が比較的少なくて済み、目に見える実践の効果を把握しやすいと言えます。

コラム5

健康経営の取り組み状況のいま

　2023年5月20日の『日本経済新聞』(朝刊)には、「禁煙や運動の奨励など従業員の健康を重視する中小企業が増えている」との書き出しで、健康経営の取り組み状況についての内容が掲載されました。

　この記事によると、全国の都道府県の中で先行しているのは岡山県や山梨県であるとのことです。健康経営優良法人認定制度が生まれる前から健康に配慮した経営の重要性を訴えてきた岡山県では、2023年の中小企業1万社あたりの認定数が全国で最多となっています。2023年2月には、30社以上の中小企業が連携して健康経営の実効性向上を目指す組織である「岡山健康経営を考える会」が発足しており、専門家による講演会のほか、会報での事例紹介、先進企業訪問などを進めています。

　実質的に新型コロナウイルス禍前だった2020年に比べた2023年の中小規模法人認定数の伸びは、全国で山梨県が最も大きい結果となっています。全国的に見て優良法人の認定数が低迷していた山梨県は、中小企業などの関心を高めるべく、2020年に県独自の認定制度(カロリーや食塩量に配慮した食事を社員食堂で提供することなどが認定項目に盛り込まれている)を設けた成果が出ているといいます。

　実際の職場において「就職先を選ぶ参考になった」との声や「社内の雰囲気が良い」といった声もあり、健康経営の実践は採用や人材定着などで強みとなりえます。

　今後、全国でより積極的な仕組みづくりが行われていくことで、健康経営を実践する職場数の一層の増加につながっていくことが期待されます。

　このように、職場にもたらす具体的な効果をあらわしはじめてきた健康経営は、今後の日本の社会において一層重要な意味を持ちます。すなわち、働く人々の幸せを叶えるCSR経営の一環とならなければなりません。働く人々をマネジメントする人的資源管理には健康経営の内容を含めていく必要があります。人々の仕事と暮らしの充実に寄与する健康経営のはたらきが今後ますます期待されます。そこで、次章では健康経営のこれからについての私見を提示します。

第5章　健康経営のこれから

第1節　働く人の幸せを叶える CSR 経営の一環となるために
第2節　健康増進機能を含む人的資源管理へ向けて
第3節　仕事と暮らしの充実に向けて

第5章

健康経営のこれから

　前章までにおいて健康経営のいまをみてきました。現在の先には未来があります。健康経営のこれからを考えるにあたって私たちは広い視野を持つことが大切です。それは、何のために健康経営を実践するのかが明確になるがゆえです。筆者は、社会のための実践の意義を人々が共有することが重要であると考えます。本章では、このことに関わる3つの論点を提示します。

　1つ目は、健康経営が働く人々の幸せにつながるということ、2つ目は、健康経営が新しい時代の働き方に必要であるということ、3つ目は、健康経営が人々の仕事と暮らしがともに充実する助けになるということです。

第1節　働く人の幸せを叶えるCSR経営の一環となるために

　今という時代は、経済の豊かさの成長と人々の精神的な幸福の達成の同時追求が目指されているように思われます。とくに後者に関するキーワードは、ウェルビーイング（≒幸せ）にほかならないでしょう。そこで、働く人々の幸せを叶えるべく、健康経営をCSR経営の一環に位置づける必要があります。近年においては、WHOによる健康の定義やポジティブ心理学のPERMA指標（後述）が注目されています。

WHO憲章による健康の定義

　世界の人々の健康を守るために広範な活動を展開しているWHOは、健康をどのようにとらえているのでしょうか。WHO憲章において「健康とは、病気では

ないとか、弱っていないということではなく、肉体的にも、精神的にも、そして社会的にも、すべてが満たされた状態にあることをいいます。(Health is a state of complete physical, mental and social well-being and not merely the absence of disease or infirmity.)」[66]と定義されています。つまり、健康を単に体調の状態のことではなく、人の心身及び社会的な充実の状態としてみており、この充実の状態＝ウェルビーイングを目指すところとしているのです。

PERMA指標

今日において健康関連のキーワードの1つに数えられるウェルビーイングですが、この言葉の普及には健康な生き方を科学的に考える学問領域であるポジティブ心理学への注目が関係しており、ウェルビーイングには、マーティン・セリングマンによって提唱されたPERMA[67]という指標があります。PERMAとは、Positive Emotion（ポジティブな感情）、Engagement（没頭すること）、Relationship（他者との良い関係）、Meaning（意味や意義）、Achievement（達成すること）という5つの言葉のイニシャルです。すなわち人間は、この5つの要素を満たしていると幸せであるとする考え方です。

働くことに関しては、まさに、ワーク・エンゲイジメントや従業員エンゲージメントの具体的な内容にリンクすることです。経済成長と人々の幸せの同時追求のためには、職場組織がCSR経営を行うことが重要です。企業は自ずと投資家(株主)をはじめとする企業外部のステイクホルダーへの対応に関心が向きがちですが、働く人々もまたステイクホルダーの一員であり、考慮にしっかり含めることが本当の意味でのCSR経営と言えるでしょう。働く人々が職場で仕事をしていて充実していると思えることが、これからは重要です。職場もそうした環境の提供に努める必要があります。筆者は、職場で働く人々の幸せをCSRの内容に含めて組織全体の目標とし、それに向かう手法となる健康経営の質の向上を絶えず追求することが大切だと考えます。

---

66) 和文は日本WHO協会仮訳を参考にしている。
67) Seligman, M. E. P. (2011) Flourish: A Visionary New Understanding of Happiness and Well-being. New York, NY: Simon and Schuster.

> ## コラム6
>
> ### 幸福度という指標
>
> 　人々の幸せの実感状況をあらわす指標である幸福度にもランキングがあります。国際的な研究組織「持続可能開発ソリューションネットワーク」(SDSN)は、2012年以降（2014年を除いて）毎年、世界幸福度調査（World Happiness Report）の結果より「世界幸福度ランキング」を発表しています。これはアメリカの世論調査およびコンサルティング企業であるギャラップ社による調査をベースにしており、各国の約1,000人に、「最近の自分の生活にどれくらい満足しているか」を尋ね、「0（完全に不満）」から「10（完全に満足）」までの11段階で回答してもらう方式で幸福度を測定し、過去3年間の平均をもとにランキングが決定する仕組みです。さて、気になる2023年の日本の順位は、137カ国中47位でした。上位の国をみると、1位フィンランド、2位デンマーク、3位アイスランドと欧州諸国が目立ちます（『朝日新聞』デジタル2023年3月22日）。欧州諸国は福祉国家で有名な国々が多く存在することで知られていますが、順位上昇には「福祉」の状況がポイントと言えるかもしれません。

第2節　健康増進機能を含む人的資源管理へ向けて

働く人が健康な状態で能力が発揮できる働き方の実現のために

　ここまでみてきたことを踏まえて、働く人の健康は人的資源管理の対象に含まれるものであるという意識を持つことが大切です。人は健康であるがゆえ潜在的な職務遂行能力、すなわち「人的資源」を発揮できるのです。人が健康であり続けるには健康増進に努めなければなりません。職場で働く人の健康については従来福利厚生の中で扱われてきましたが、今日のように人的資源管理の機能の一部を成すものとしては必ずしも明確に示されていませんでした。このことについて2022年に出版された西村孝史・島貫智行・西岡由美各氏による編著[68]では、図5-1に示すように「健康管理」が人的資源管理モデルの中に位置づけられています。筆者も、働く人の健康は仕事で能力を発揮するための土台であることを、こ

68）西村孝史・島貫智行・西岡由美編著(2022)『1からの人的資源管理』碩学舎。

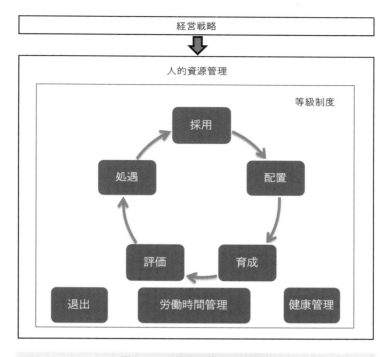

図 5-1 人的資源管理の諸機能

(出所) 西村・島貫・西岡編著 (2022) 前掲書 6 ページ「図 1-1」をもとに、筆者が一部をあらためて作成。

れからの人的資源管理論の中でしっかりと位置づけていくべきだと思います。

そして、重要なことであるものの忘れられがちなのが、良い職場づくりを目指すということです。職場で働く人同士が気持ちよく働けることがとても大切です。良い職場づくりのためには、働かせる側(＝使)だけでなく働く側(＝労)も職場づくりに参加する必要があります。すなわち、労使双方による良い職場の構築です。良い職場の対義語は「ブラック」な職場でしょう。ブラック企業の存在は日本でも社会問題になりましたが、ブラック企業にはこうした労使関係が全くないと言っても過言ではありません。

労使で築いた良い職場環境の中で、働く人々みんなが健康な状態で、自身が有している能力をしっかり発揮できることが、理想の働き方・働かせ方ではない

でしょうか。

多様な働く人への対応の必要性

　日本の企業の雇用をめぐる特徴的なあり方は、「日本的雇用慣行」と呼ばれます。筆者は、野村正實氏の2007年の著書[69]を読んでその全体像を学びました。日本的雇用慣行がとくに見られた20世紀後半において、職場で長く働いていたのは主に男性の正社員でした。日本的雇用慣行とは、主に男性が長期間正社員として雇用され、女性の多くは結婚までの雇用と、後に家計補助としてのパートタイマーとして雇用されるあり方を指しています。このような雇用形態をとることが、日本における過去の慣行だったと言えます。

　しかし、現在の職場ではどうでしょうか。男性だけでなく女性、高齢者、外国人というように様々な属性の人々が働き続けています。このことは多くの人が実感することだと思います。佐藤博樹・武石恵美子・坂爪洋美氏の2022年の著書[70]においては、日本で多様な人材の能力の発揮を経営価値の向上につなげるための考え方と方策であるダイバーシティ経営がうまく浸透していくようになることを志向しています。女性の方々も社会進出が進み、働き続ける人がかつてに比べて明らかに増えてきました。高齢者の方々も「人生100年時代」が言われる昨今、働き続けられる限り仕事を続けることが全然珍しくない世の中です。外国人の方々にとっても徐々に、海外から日本に来て仕事がしやすい環境になりつつあります。そのほかにも、さまざまな障害を抱えながら働く人もいたり、性的マイノリティに対する理解が必要な時代でもあります。2023年には性的マイノリティへの理解増進の法律が制定されました。

　このようなさまざまな属性の人々の健康を、とても一様に扱うことはできません。男女では健康問題が異なりますし、年齢によっても事情は大きく異なります。さらに、外国から来て働いている人々の健康にも職場は責任を持たなければなりません。実に、多様な人材への配慮が必要なのです。ダイバーシティ・インクルージョンという言葉があるように、今日では企業組織が多様な「人財」を生か

---

[69] 野村正實（2007）『日本的雇用慣行―全体像構築の試み―』ミネルヴァ書房。
[70] 佐藤博樹・武石恵美子・坂爪洋美（2022）『多様な人材のマネジメント』中央経済社。

すマネジメントを展開していけるかが重要です。さまざまな属性の人々が良い健康状態で仕事に取り組むことができれば、その効果によって企業経営の活性が期待できることは言うまでもありません。

これまでの人的資源管理は、必ずしもさまざまな働く人々の健康増進をその内容に含んでいませんでした。これからは新しい人的資源管理の展開のもと、人材の多様性を意識した健康経営の展開が期待されます。

第3節　仕事と暮らしの充実に向けて

私たちが普段絶えず思っていることは、仕事と暮らしがともに充実することではないでしょうか。仕事と暮らしに関するテーマにワーク・ライフ・バランス（後述）があります。これは単なる流行り言葉ではなく、国を挙げて推し進められてきた政策です。近年では新たにワークライフ・インテグレーション（後述）が言われるようにもなりました。日本は少子高齢社会です。少子化の克服のために子育てがしやすい社会の実現と、高齢者が社会に参加すること、医療や介護に頼らない社会を維持することが重要です。

ワーク・ライフ・バランス

ワーク・ライフ・バランスは、「仕事と生活の調和」を意味します。働く人々がいきいきと仕事ができるようになることが大切ですが、また同時に、健康に私生活を過ごせるかも重要なことです。日本では遡って2007年にワーク・ライフ・バランス推進官民トップ会議が開催され、「仕事と生活の調和（ワーク・ライフ・バランス）憲章」が制定されました（2010年に改正）。そこでは、以下のような内容が示されています[71]。

> 我が国の社会は、人々の働き方に関する意識や環境が社会経済構造の変化に必ずしも適応しきれず、仕事と生活が両立しにくい現実に直面している。

---

71) 内閣府ホームページ「仕事と生活の調和（ワーク・ライフ・バランス）憲章」（https://wwwa.cao.go.jp/wlb/government/20barrier_html/20html/charter.html）

誰もがやりがいや充実感を感じながら働き、仕事上の責任を果たす一方で、子育て・介護の時間や、家庭、地域、自己啓発等にかかる個人の時間を持てる健康で豊かな生活ができるよう、今こそ、社会全体で仕事と生活の双方の調和の実現を希求していかなければならない。

　仕事と生活の調和と経済成長は車の両輪であり、若者が経済的に自立し、性や年齢などに関わらず誰もが意欲と能力を発揮して労働市場に参加することは、我が国の活力と成長力を高め、ひいては、少子化の流れを変え、持続可能な社会の実現にも資することとなる。

　そのような社会の実現に向けて、国民一人ひとりが積極的に取り組めるよう、ここに、仕事と生活の調和の必要性、目指すべき社会の姿を示し、新たな決意の下、官民一体となって取り組んでいくため、政労使の合意により本憲章を策定する。

　ワーク・ライフ・バランスについてはこれまでに多くの書籍が出版されています。そのうちの1つである2008年に出版された山口一男・樋口美雄両氏の編著作の中では、雇用されて仕事をしている人々の「ライフ」の状況について、「ワーク」のあり方が「ライフ」のあり方を規定する程度が大きい構造になっているため、ワーク・ライフ・バランス論では「広義のライフにはワークが含まれる」ことを前提に「ワーク」と「ライフ」を切り離してとらえる必要があるとされています[72]。

　ワーク・ライフ・バランスは少子高齢化時代において不可欠の考え方です。過重労働の男性、家庭で母親の役割を担う女性、双方にとってとても大切な施策です。そのため、この言葉は広く一般に浸透してきたのです。2020年代の今日においても人々のワーク・ライフ・バランスへの関心は高い状況にありますが、一方で、ワーク・ライフ・バランスの限界が指摘されています。そこで新しく台頭してきた言葉が、次にみるワークライフ・インテグレーションです。

---

[72] 山口一男・樋口美雄編著（2008）『論争日本のワーク・ライフ・バランス』日本経済新聞出版社を参照。

ワークライフ・インテグレーション

　ワークライフ・インテグレーションとは、「仕事と生活の統合」を指す新しい概念と言えます。欧米圏ではワーク・ライフ・バランスよりもワークライフ・インテグレーションのほうが浸透しているようです。最近では日本でも、ワーク・ライフ・バランスから一歩進んだ概念としてワークライフ・インテグレーションという言葉が少しずつ言われるようになってきました。

　実は日本でも、先にみた「仕事と生活の調和（ワーク・ライフ・バランス）憲章」が発表された時期において、経営者団体がワークライフ・インテグレーションへ注目していた事実があります。経営者団体の1つである経済同友会は、2008年に『21世紀の新しい働き方「ワーク＆ライフ インテグレーション」を目指して』というタイトルの報告書を発表しており、その中でワークライフ・インテグレーションを「会社における働き方と個人の生活を、柔軟にかつ高い次元で統合し、相互を流動的に運営することによって相乗効果を発揮し、生産性や成長拡大を実現するとともに、生活の質を上げ、充実感と幸福感を得ることを目指すもの」[73]と定義しています。

　筆者は、2021年に出版された本テーマをタイトルとする平澤克彦・中村艶子両氏による編著作[74]を読みました（筆者はこの書籍の書評を2023年に発表しており[75]、以下の内容はそれに基づいています）。

　本編著作の中でワークライフ・インテグレーションは、ワーク・ライフ・バランスの進化形であると説明されています。すなわち、ワーク・ライフ・バランスは仕事と生活というように領域が対峙する中でバランスを取るという概念であり、ワークライフ・インテグレーションはより包括的に仕事と生活が統合するという意味合いでとらえられるといいます。

　ワークライフ・インテグレーションは単にワーク・ライフ・バランスの言葉

---

[73] 経済同友会（2008）『21世紀の新しい働き方「ワーク＆ライフ インテグレーション」を目指して』14ページ。
[74] 平澤克彦・中村艶子編著（2021）『ワークライフ・インテグレーション―未来を拓く働き方―』ミネルヴァ書房。
[75] 橋村政哉（2023）「書評 平澤克彦・中村艶子編著（2021）」『社会政策』第15巻第2号、130-133ページ。

の置き換えということではないということが見て取れますが、それは、ワーク・ライフ・バランスの限界が明らかになってきたために求められるようになってきたということです。実際のところ、ワーク・ライフ・バランスは個人任せであること、働く人々すべてがワーク・ライフ・バランスを享受できていない現実があること、ワーク・ライフ・バランスに対する政府、経営者団体の取り組みと企業の導入にギャップがあることが問題になっています。

　ワーク・ライフ・バランスに代わりワークライフ・インテグレーションが日本で実現するための人的資源管理上の課題としては、健康経営を目指すこと、柔軟な働き方を拡大すること、ワーク・エンゲイジメントを高めることだと言われています。また、実際の事例考察から、女性活躍推進（女性だけが仕事でも家事・育児でも活躍するということではなく、男性が家事・育児を分担することも重要）、多様な働き方ができてこそ実を伴うということです。

　まさに本書のテーマである健康経営が人的資源管理上の課題の大きな一部をなしているわけですが、将来の充実のために、健康経営があらゆる職場でワークライフ・インテグレーションの効果を上げていく原動力となることが期待されます。

　日本の職場は「企業社会」と呼ばれてきました。長時間労働、企業中心の生活時間設計は相変わらず日本の良からぬ伝統です。職場での健康増進策が重要であることは前にみたとおりです。現在はテレワークが可能な時代です。AI（人工知能）の実用化により仕事のあり方が変わりはじめている時代です。柔軟な働き方、多様な働き方が叶えば、働く人々は長時間の拘束から解放されうるのです。働く人にとっても、企業にとっても望ましい環境づくりが求められます。

　また、日本には「男性は仕事、女性は家事」といった性別役割分業意識が依然として存在します。こうした固定的な性別役割分業の解消も必要です。生活における家事・育児疲れもまた無視できない問題です。男女間での家事・育児の分担が重要であり、お互いが生活時間を確保できるようにしなければなりません。このようにして健康な暮らしを営むことができるのです。

ワークライフ・インテグレーションの期待効果は侮れない

　人々がワークライフ・インテグレーションを正しく理解し、それが社会に浸透すれば、図5-2に示すような効果が期待できます。

図5-2　人々の健康とワークライフ・インテグレーションの効果
（出所）筆者作成。

　日本では1990年代初頭のバブル経済の崩壊から経済成長の鈍化が続いており、長らく閉塞感が漂っています。企業組織もステイクホルダーの一員である働く人々に報いることができていないこともあり、そのことがエンゲイジメント（またはエンゲージメント）の低さに通じているのではないでしょうか。人々が経済力を高めようと（または維持しようと）すれば、自ずと仕事が忙しくなります。女性は結婚、出産、育児をとるか、仕事のキャリアアップをとるかという選択を迫られる現実があります。男性は家事や育児に時間を割く時間を保てていません。その結果が、表5-1に示されているように今般の出生数、女性が一生のうちに産む子どもの数を指す合計特殊出生率の低下につながっているのではないでしょうか。遡って1948年は「団塊の世代（1947年から1949年生まれ）」と呼ばれる方々が生まれた年です。約268万人が出生しており、日本の歴史の中でもとても世代人口が多いことで知られています。団塊の世代の子どもが生まれた時期である1973年には約209万人が出生していますが、それ以降は1988年の出生数が約131万人、1998年の出生数約120万人、2008年の出生数約109万人と、年々生まれる子どもが少なくなってきています。そして2018年の出生数は約91万人、2023年の出生数は約72万人と、100万人を割っており、少子化

表 5-1　1948年〜2023年の5年刻みでみる日本の出生数、合計特殊出生率

年	出生数	合計特殊出生率
1948	約268万人	4.40
1953	約186万人	2.69
1958	約165万人	2.11
1963	約165万人	2.00
1968	約187万人	2.13
1973	約209万人	2.14
1978	約170万人	1.79
1983	約150万人	1.80
1988	約131万人	1.66
1993	約118万人	1.46
1998	約120万人	1.38
2003	約112万人	1.29
2008	約109万人	1.37
2013	約102万人	1.43
2018	約91万人	1.42
2023	約72万人	1.20

（出所）厚生労働省（2024）「人口動態調査」より筆者作成。

がはっきりと示されています。少子化はやがて人口減少につながります。とくに生産人口の減少は国力に直接関わることであるだけに、重大な社会的課題です。

　職場で健康経営が取り組まれ、男女ともに柔軟・多様な働き方ができるようになれば、家庭で家事・育児の分担がしやすくなり、自己啓発や余暇の時間を保てるようになります。このように、従来とは異なる仕事のあり方と新しい生活のあり方が統合されることによって、職場にとっての生産性向上、働く人々にとっての仕事と生活の充実、社会にとっての少子化の克服といった効果が期待できるのです。

　また、人々の健康増進は次節で述べるように、高齢化が進む中でたいへん重要な意味を持ちます。

コラム7

1日の時間配分をどう考えるか

　1日を時間で表すと24時間であり、誰にとっても平等なものです。「起きて、仕事をして、家のことをして、ゆっくりして、寝る」という過ごし方が「ふつう」なのでしょう。しかし、この「ふつう」のことが思うようにできないために、仕事と生活の問題が浮上するのです。仕事ばかりをしていては過重労働になります。家のことを女性にばかり押し付けていては女性活躍が阻害されます。今日の日本において長時間労働をしている人はまだまだ多くいます。男性の多くは家のことに時間を割けていないと感じているでしょう。残念ながら、現在の日本は「ふつう」ではない状況から脱することができていないのです。

　労働基準法では原則1日8時間として労働時間を定めています。生じうる健康侵害から働く人々を守ることが労働時間規制の目的です。しかし、とりわけ正社員は昔も今も年間総実労働2,000時間という長時間労働をしているのです（本書第3章を参照）。

　OECDが2021年に発表した1日あたりの家事にかける時間は男性41分、女性224分という状況です（OECD（2021）"Balancing paid work, unpaid work and leisure"）。女性の社会進出が進んでいる昨今、男性も家事や育児を分担して行わなければ女性の負担ばかりが増えてしまいます。

　経営学の視点からワーク・ライフ・バランス論を提示した渡辺峻氏は、職業生活、家庭生活、社会生活、自分生活の「4つの生活（4L）の並立・充実（自己実現）」を重視する「社会化した人材マネジメント」が、21世紀における人的資源管理理論の基本パラダイムに位置づけられることを説きました（渡辺峻（2010）「HRM研究の観点からみたワーク・ライフ・バランス」『日本労働研究雑誌』No.599, 労働政策研究・研修機構、32-40ページ）。近年になってこそ週休3日制の導入や男性の育休取得など新たな動きがみられるようになってきましたが、あらゆる人々にとっての4Lの自己実現化は、現在においても日本全体が認識すべき課題であると言えます。

年齢を重ねても働き続けて、社会交流を楽しむために

　人は健康であるからこそ年齢を重ねても働き続けることができ、社会交流を

楽しめるのです。今日では、高齢者でも就労し続けることが全く珍しくありません。実際に、働き続けられるうちは働き続けたいと就業継続意思を持つ高齢者はそれなりにいるものです。高年齢者雇用安定法では、かつては55歳を定年年齢としていました。それが1998年に60歳、2013年には65歳までの雇用義務となり、現在では70歳までの雇用努力義務を使用者に求める時代になっており、定年年齢が延長される流れにあります。周知のとおり、日本人の平均寿命が延びてきたこと、年金受給開始年齢との兼ね合い、そして本書で先にみた少子化により生産年齢人口が減少してきたことによる人手不足がその要因です。一方で、年齢を重ねられているベテランの方々を貴重な戦力とみなす企業もあります。65歳以上の就業者数について1998年は476万人でしたが、2021年には912万人にまで増えています[76]。1,000万人を超えるのは、もはや時間の問題と言えます。

　高齢化率が高くなっている現在において、留意すべきことがあります。それは、一人暮らしをしている高齢の方々が増えていることです。65歳以上の高齢者の単独世帯の割合について1986年は13.1%でしたが、2019年には28.8%にまで高まっています（表5-2）。こうした状況において高齢者の一人暮らしの方が健康を損なえば、孤立しやすい現実があります。ですが、健康を維持できれば働き続けることだけでなく、地域交流を楽しむこともできるのです。

表5-2　65歳以上の高齢者のいる世帯の状況変化

単位：%

年	単独世帯	夫婦のみの世帯	親と未婚の子のみの世帯	三世代世帯	その他の世帯
1986	13.1	18.2	11.1	44.8	12.7
1995	17.3	24.2	12.9	33.3	12.2
2004	20.9	29.4	16.4	21.9	11.4
2013	25.6	31.1	19.8	13.2	10.4
2019	28.8	32.3	20.0	9.4	9.5

（出所）厚生労働省（2020）「2019年 国民生活基礎調査の概況」4ページをもとに作成。

76）総務省（2024）「労働力調査」を参照。

現在の現役世代の方々も年齢を重ねていくことで、いつかは高齢世代となります。そうした未来において充実した仕事と暮らしが実現するよう、職場は働く人に健康投資を行い、働く人当人も健康増進意識をもつことが重要なのです。

医療や介護に困らないようにするために

人々が高齢期において医療や介護に困らないようにするためには、健康を保つことも大切です。平成のはじまりである 1989 年から令和である 2021 年までの約 30 年で、日本の国民医療費は 2 倍以上に膨れ上がりました（図 5-3）。

国民医療費がこれ以上増えると、どうなるのでしょうか。医療現場は仕事の負担が増します。病院や医療従事者の数というものは高齢者の増加に比例するものではありません。ですので、患者が増え続ければそれだけ医療従事者の業務負荷になります。患者の側も、受診したい時に受診できないといったことが起きかねず、医療の需給バランスに問題が生じることは必至です。

このままだと私たち生活者の財布からも、これまで以上に医療のためのお金

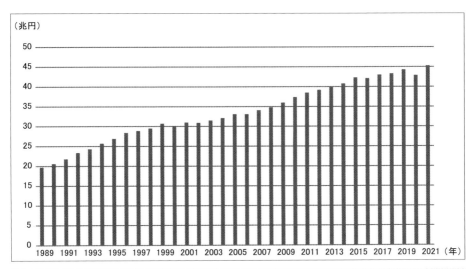

図 5-3　国民医療費の推移（1989 年～ 2021 年）

（出所）厚生労働省（2023）「2021 年度国民医療費の概況」3 ページより筆者作成。

を徴収されることになります。実は、健康経営は医療に困らない未来づくりにとって大切な取り組みでもあるのです。今般、団塊の世代の方々が75歳以上の後期高齢者となる「2025年問題」が言われていますが、これは1つに、医療に大きく関わる問題でもあります。後期高齢者1人あたりの年間医療費は、あらゆる世代の中で群を抜いて高いことが特徴です。表5-3は、2019年における年齢階級別の年間医療費の状況を示しています。この年の国民医療費は約44.3兆円でした。年間の国民1人あたり医療費は約35万円という計算になりますが、年齢階級別で比べてみると、年間の国民1人あたり医療費に大きな差があることが分かります。0歳から64歳までの年間医療費は約17.3兆円であり、1人あたり医療費は約17万円になります。対して、65歳以上の年間医療費は約27兆円であり、1人あたり医療費は約75万円になります。70歳以上の年間医療費は約22.6兆円であり、1人あたり医療費は約84万円になります。75歳以上では年間医療費は約17兆円であり、1人あたり医療費はなんと約93万円になります。つまり、高齢世代はもっとも医療を消費する世代であるということです。

　医療費は、現役世代が納める保険料や税金によって賄われている面が大きいものです。少子高齢化の人口構成が続く中で、現在の現役世代の人々が医療を支えることに対して大きな負担にならないよう、また、負担を感じさせないようにしなければなりません。適正な医療の持続可能性のために人々の健康とい

表5-3　年齢階級別の年間医療費（2019年）

	総額	1人あたり医療費
全人口	約44.3兆円	約35万円
65歳未満	約17.3兆円	約19万円
0-14歳	約2.4兆円	約16万円
15-44歳	約5.2兆円	約13万円
45-64歳	約9.6兆円	約29万円
65歳以上	約27兆円	約75万円
70歳以上	約22.6兆円	約84万円
75歳以上	約17兆円	約93万円

（出所）厚生労働省（2021）「2019年度国民医療費の概況」6ページより筆者作成。

うものは重要なのです。

「2025年問題」はもう1つ、介護にも大きく関わっています。日本では2000年に介護保険制度が開始して以来、介護費もまた医療費と同様に高齢化が進行するにつれて高まり続けてきました。2001年の介護費は約4.3兆円でしたが、2018年には約10.1兆円と、はじめて10兆円を突破しました。その後今日まで毎年10兆円台で推移しています(図5-4)。

介護をめぐっては、利用者と、提供する側である介護人材の需給バランスが懸念されています。2000年4月末の要介護（要支援）認定者数は256.2万人でしたが、2021年4月末には689.6万人と年々増加してきました（図5-5）。この約20年で3倍以上になっています。しかし、介護人材のなり手については介護人材不足が言われているように、少ないことが明らかです。介護をめぐる「2025年問題」とは、利用者の増加に介護人材の数が追いつかないことを指しています。介護人材の賃金や仕事の内容などの労働条件には構造的な問題があり、その改善が課題ではありますが、高齢者が健康な暮らしを送るという意識も大切だと言えます。

現役世代の人々は、いきいきと仕事をし、健康な生活を送ることが大切です。

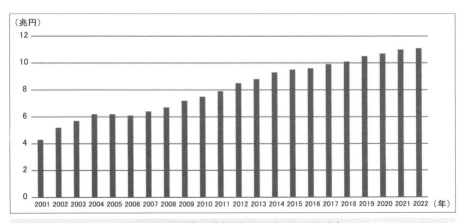

図5-4　介護費の推移（2001年～2022年）

（出所）厚生労働省（2023）「2022年度介護給付費等実態統計の概況」16ページより筆者作成。

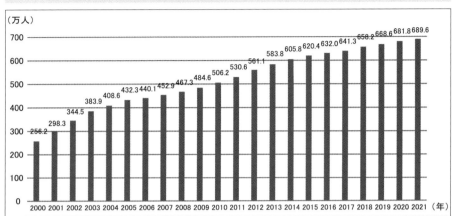

図 5-5 要介護（要支援）認定者数の推移（2000年〜2021年）

（出所）厚生労働省（2023）「2021年度介護保険事業状況報告（年報）」より筆者作成。

このことは、年齢を重ねて高齢者になった時に、健康に働けるよう、暮らせるようにする準備の意味合いもあるのです。疾病予防および健康増進で保たれる健康は、医療や介護に困らない未来づくりにも一役買うことになるのです。

終　章

第 1 節　本書のまとめ
第 2 節　むすびにかえて

終章

第1節　本書のまとめ

　本書では「健康経営」をテーマに、健康経営とは何か、それが職場にどのような効果をもたらすのかを先進的な事例をもとに考察しました。

　健康経営は最近になって登場してきた概念のように思われる方も多いと思いますが、実は前世紀にその源流を辿ることができます。アメリカにおいて臨床心理学者のロバート・ローゼンが提唱した「ヘルシー・カンパニー」概念がそれです。日本では2000年代の初頭より、岡田邦夫氏が代表を務める特定非営利活動法人健康経営研究会が推進してきた「健康経営®」が先駆けです。現在のように巷で言われるようになったのは令和期になってからのことです。健康経営が社会に広がりをみせているのは経済産業省が創設した健康経営優良法人認定制度の開始、保険者による推進、県の表彰制度など、政府をはじめとして国民の健康寿命の延伸のために政策的に認知されるよう動きを進めてきたがゆえです。

　実際の職場には労働課題が依然として残っており、それは働く人の健康にとってマイナスです。現在では働く人の健康の可視化が進んできており、働く人々の健康がその企業に投資をするかどうか投資家にとっての判断材料になってきています。健康経営はその意味で、企業にとって人的資本の投資の一環と言えます。

　今日において健康経営は、規模の大きな企業だけでなく、それほど規模の大きくない企業も、もちろん株式会社以外のさまざまな法人でも取り組みが進められています。本書では7組織における実践事例を取り上げました。数年前までであれば、健康経営が職場にどのような効果をもたらすのかという問いに必ずしも

答えられなかったのではないでしょうか。しかし、本書で示した先進的な実践事例からは次のようなことがみえてきました。

　第1に、働く人々の心身の健康のバランス、予防と健康増進のバランスを意識している。それぞれアプローチの違いがありますが、マネジメントの仕組みが構築されている。

　第2に、仕事によって健康を害することを防ぐべく、しっかりとした労務リスク対策がとられている。生産性が低下しないよう、向上するような施策がとられている。

　第3に、職場が働く人の健康増進にコミットし、働く人が良いコンディションで仕事にあたれるよう、働きがいをもって仕事ができるよう工夫されている。健康経営をうまく実践している職場では、良い職場環境をつくることに努めている。

　これらのことが、組織的成果として働く人の健康・充実感の向上につながっているのです。

　また、職場の規模の大小によって、健康経営の実践の効果にはとらえ方の違いがあることもみえてきました。

　規模の大きな職場では推進体制の組織化を図っており、「アブセンティーイズム」、「プレゼンティーイズム」、「ワーク・エンゲイジメント」などといった、数値化が可能な指標で効果を把握する動きが広がってきています。

　対して、規模の小さな職場では指標で効果を把握する動きではなく、「具体的な事実」でもって効果を実感しているようです。

　健康経営は、すでに投資家や、これから就職をしようとする学生の方々にとって、その企業をみるポイントになっているわけですが、今後より一層、健康経営があらゆる法人で実践される取り組みになっていくためには、経営者および職場で働く人々に、実践の効果およびそれを実践する価値を理解してもらう必要があります。

　そして、少子高齢化時代において健康経営の社会全体にとっての意義を広めていくこともまた大切です。人々の健康を社会の枠組みで考えることは、これからの日本社会にとってとても重要であるからです。

第2節　むすびにかえて

　本書でみてきたことによって、健康経営についてすべてが明らかになったわけではありません。考察の対象に含めなかったこともあり、いくつかの課題を残しています。

　まず、本書で取り上げた健康経営の事例は先進的な実践内容ではあるものの、全体の中のほんの一部を示しているに過ぎません。したがって、日本で行われている健康経営の実践内容とその効果についての理論化のためには、まだまだ数多くの事例を研究していく必要があります。

　それから、職場で働く人々の健康増進を組織的に行うことの重要性は本書の中の**太文字**で示していることが論拠なのですが、実際、働く人個々人が健康経営についてどう思っているのかについては本書では十分にとらえることができていません。本書は推進する側の視点から書いたものであるため、働く人々の側の視点で健康経営がどのように映っているのかまでは内容に含まれていません。したがって、働く人の気持ちが反映された健康経営をどう推進していくかという課題について、あらためて考える必要があります。

　また、日本最大の医療保険者である協会けんぽが推進する健康経営については、筆者の勤務地である広島県のことは詳細に示すことができましたが、その他多くの都道府県のことには触れておらず、必ずしも日本全国の状況を把握できていません。したがって、協会けんぽの各都道府県支部の健康経営の推進について注目していく必要があります。

　以上のことについては、今後の課題となります。

　筆者は、働く人々が職場で気持ちよく仕事ができるようになるには何が大切なのかを大学院生時代から人的資源管理を研究する中で考えてきました。「失われた20年」とも「失われた30年」とも言われる昨今の時代状況の中で、多くの職場では目先の業務、業績に追われ、こうしたことを考える余裕がなかなかないのも事実でしょう。しかし、考えていかなければ良い職場にはならないことも事実です。そうした環境を労使で構築していく必要があります。そこで、労使双方にとって有意義である健康経営が検討されることが期待されます。

職場で働く人々の健康への配慮を通じて働きがいを高めることは、今の時代において必須のCSR経営であると言えます。働く人が成果を発揮できる人的資源管理を行うにあたり、健康経営は重要な手法の1つとなります。そして、健康経営を実践することは、経営学的にも意義があります。

　ただ単に、注目されている他社の事例をそのまま取り入れても、それが自社でうまくいくとは限りません。健康経営はそれぞれの職場が、その目的のもとで職場に合うように創り上げるものであり、経営者が健康経営に真に向き合うこと、働く人一人ひとりがその重要性を認識することが肝要です。その実践の質を高めるには、効果をしっかりと把握し、課題を次に生かすことが不可欠です。

　今後、健康経営が広く社会に浸透することで、誰もがいつまでもいきいきと働くことができ、社会交流を楽しむことができ、医療や介護に困らない未来が実現するでしょう。

　健康経営の意味や意義を多くの職場が正しく理解して実践することと、人々が健康な状態で働くことができ、生活することができれば、日本の未来が良い方向に進むはずです。それを願って本書をむすびたいと思います。

あとがき

　筆者は、現在の職に就くまで「健康」をあまり意識したことがありませんでした。それは、幸い大きな病気や怪我をせずに生きてこられたからだと思います。また、筆者は大学の商学部で学び、その後大学院の経営学研究科に歩みを進めましたが、学生時代に医療分野のことをほとんど学んでこなかったことも影響しているのだと思います。

　大学の商学部では保険学のゼミナールに所属していました。そこで保険や社会保障の仕組みについて勉強しました。大学院の経営学研究科では人的資源管理論を専攻しました。そこで職場で働く人々のマネジメントについて本当にいろいろと考えました。実は、本書のテーマである「健康経営」は、保険と人的資源管理のどちらとも関わる内容であり、筆者が近年の研究テーマとし、本書を出版することができたのは、ある意味でこれまでの学びや学問との出会いがあってのことだからなのでしょう。

　本テーマで1冊の書籍を執筆しようと考えるようになったきっかけは、2020年に日本労務学会の学会誌である『日本労務学会誌』第21巻第1号に「資料・紹介」（現在このコーナーはなくなっています）の紙幅をいただいたことでした。当時はちょうど、経営学分野で健康経営が認識されだした時期でもありました。そこで筆者は思い切って「健康経営の広まりと人的資源管理への効果—保険者（協会けんぽ）の視点からの考察—」と題して原稿を発表しました。振り返れば、協会けんぽ広島支部様に健康経営推進に関するヒアリングを行い、この論考を書いたことにより、その後の研究において何をどのように取り組まなければならないのかが自分の中で明確になったように思います。

　2020年から2022年あたりまで続いた新型コロナウイルスの流行（コロナ禍）の中、多くの学会はやむなくオンラインで開催されていましたが、筆者はその機会に健康経営をテーマとする学会報告を何度か行いました。2020年7月の日本労務学会第50回全国大会（報告タイトル：「健康経営研究の展開と人材活用に向けての課題」）、日本労務学会2022年3月九州部会（報告タイトル：「健康経営の推進が職場にもたらす定性効果の検討」）、2022年9月の日本経営学会第96回大会

（報告タイトル：「健康経営の先進的実践内容とその効果―2社の比較による考察―」）では、司会、コメンテーター、ご参加いただいた方々から貴重な質問、コメント、助言をいただきました。また、社会政策学会の学会誌である『社会政策』第15巻第2号（2023年刊行）では、人的資源管理論の新しいテーマを書籍のタイトルにされている『ワークライフ・インテグレーション－未来を拓く働き方』（編著の先生方には筆者が大学院生の頃からお世話になっています）についての書評を経験させていただくこととなり、ご高著から本書の結論部分に結びつくヒントを得られたように感じております。

　勤務先では2022年より月に1度ほど、大学のOBの方が主催する「医療経営の歴史を学ぶ会」において医療を学ぶ機会を提供していただいています。その関係で2023年1月に行われた一般社団法人日本医療・病院管理学会第411回例会において、「医療・病院管理学における諸問題」の中の1つのテーマとして医療分野に関心のある方々に対して筆者の研究内容を紹介する機会を得ました（報告タイトル：「健康経営がもたらす効果についての一考察：大規模法人と中小規模法人の比較を通して」）。同時期には学園（常翔学園）本部広報部より取材の依頼があり、2022年刊行の学園広報誌「FLOW97号」に「研究最前線」として紹介記事が掲載されました。また、さらに1年後に原稿執筆の依頼があり、2023年刊行の学園広報誌「FLOW100+号」に健康経営の100年後に関する記事を発表しました。それから、大学教員として市民公開講座の講師も経験させていただきました。2022年7月に実施した広国市民大学「かしこい患者学」講座では「健康長寿社会の仕事と暮らしを考える」と題して社会人の方々に初めて講義を行いました。また、2024年1月に実施した東広島市教育文化振興事業団が主催する「令和5年度中央生涯学習センター講座」では「健康寿命延伸の社会的意味を考える」と題して講義を行い、熱心な市民の方々と議論する機会をいただきました。おかげさまで健康経営を世に問う筆者の立場が明確になりました。本書は、ここに挙げたことなくしては間違いなく生まれなかったものだと思います。「我以外皆我師」を実感しています。

　最後になりますが、本書の中で事例として取り上げることをお認めくださった各法人様には感謝を申し上げます。また、今般の出版事情の厳しい折、筆者

の勝手を受け入れてくださりながらも本書の完成に大いなるご協力をしていただきました株式会社現代図書の野下弘子氏にはこの場をおかりして御礼の念を申し上げます。

酒都西条、安芸宮島、隣に錦帯橋
四季を感じる広島から
2024 年 8 月　著者

初出一覧

橋村政哉（2016）「日本における CSR の展開とその可能性―日本企業の社会への考慮は改善されるか」『社会政策』第 8 巻第 1 号 98-110 ページ。

橋村政哉（2018）「CSR の欠如と克服―日本企業の従業員考慮に着目して―」『経営学論集』第 88 集、千倉書房 [10]-1-[10]-2 ページ。

橋村政哉（2020）「健康経営の広まりと人的資源管理への効果―保険者（協会けんぽ）の視点からの考察―」『日本労務学会誌』第 21 巻第 1 号 37-47 ページ。

橋村政哉（2021）「健康経営に関する諸研究の考察と今後の課題」『広島国際大学医療経営学論叢』第 14 号 1-12 ページ。

橋村政哉（2023）「健康経営の実践が職場にもたらす効果についての仮説試論」『HIU 健康科学ジャーナル』第 2 号 1-10 ページ。

橋村政哉（2023）「書評 平澤克彦・中村艶子編著（2021）」『社会政策』第 15 巻第 2 号 130-133 ページ。

主要参考文献一覧

安倍孝治・岡田邦夫（2008）『健康経営のすすめ』健康経営研究会。
新井卓二・玄場公規編著（2019）『経営戦略としての「健康経営」 従業員の健康は企業の収益向上につながる！』合同フォレスト。
岡田邦夫（2015）『「健康経営」推進ガイドブック』経団連出版。
尾形裕也（2018）「日本における健康経営の現状および課題」『生活福祉研究』通巻95号、明治安田総合研究所、25-41ページ。
奥林康司・上林憲雄・平野光俊編著（2010）『入門　人的資源管理〔第2版〕』中央経済社。
協会けんぽ（全国健康保険協会）「事業報告書」
協会けんぽ（全国健康保険協会）広島支部「ひろしま企業健康宣言好事例集」
栗林勝・月間紗也（2018）「企業における健康経営の現状」『心身医学』Vol.58 No.3, 255-260ページ。
経済産業省（2021）「健康経営優良法人（中小規模法人部門）認定法人取り組み事例集」
経済産業省（2022）「人的資本経営の実現に向けた検討会報告書」
経済産業省ヘルスケア産業課（2022）「健康経営の推進について」（https://www.meti.go.jp/policy/mono_info_service/healthcare/downloadfiles/kenkokeiei_gaiyo.pdf）
経済同友会（2008）『21世紀の新しい働き方「ワーク＆ライフ インテグレーション」を目指して』
厚生労働省「国民医療費の概況」
厚生労働省（2019）『労働経済の分析―人手不足の下での「働き方」をめぐる課題について―』
厚生労働省（2020）「国民生活基礎調査の概況」
厚生労働省（2023）「介護給付費等実態統計の概況」
厚生労働省（2023）「介護保険事業状況報告（年報）」
厚生労働省（2023）『過労死等防止対策白書』
厚生労働省（2024）「人口動態調査」
厚生労働省保険局（2017）『データヘルス・健康経営を推進するためのコラボヘルスガイドライン』
佐藤博樹・武石恵美子・坂爪洋美（2022）『多様な人材のマネジメント』中央経済社。
佐藤博樹・藤村博之・八代充史（2019）『新しい人事労務管理〔第6版〕』有斐閣。
首相官邸（2014）「日本再興戦略改訂―未来への挑戦―」95ページ。
鈴木友紀夫（2018）『企業にはびこる名ばかり産業医』幻冬舎。
総務省（2024）「労働力調査」
高橋千枝子（2019）「健康経営ブランディング―サンスターの「健康道場」の取り組み―」『マーケティングジャーナル』Vol.39 No.1, 119-130ページ。
内閣府（2023）『高齢社会白書』
永田瞬・戸室健作編著（2023）『働く人のための人事労務管理』八千代出版。
西村孝史・島貫智行・西岡由美編著（2022）『1からの人的資源管理』碩学舎。
日本生産性本部（2020）『労働生産性の国際比較』
野村正實（2007）『日本的雇用慣行―全体像構築の試み―』ミネルヴァ書房。

働き方改革実現会議（2017）「働き方改革実行計画（概要）」(https://www.kantei.go.jp/jp/headline/pdf/20170328/05.pdf)
非財務情報可視化研究会（2022）「人的資本可視化指針」(https://www.cas.go.jp/jp/houdou/pdf/20220830shiryou1.pdf)
平澤克彦・中村艶子編著（2021）『ワークライフ・インテグレーション―未来を拓く働き方―』ミネルヴァ書房。
平野光俊・江夏幾多郎（2018）『人事管理―人と企業，ともに活きるために』有斐閣。
広島県「表彰企業の取り組み事例」
ミルトン・フリードマン著、熊谷尚夫・西山千明・白井孝昌訳（1975）『資本主義と自由』マグロウヒル好学社。（原著：Friedman, M.（1962）Capitalism and Freedom, University of Chicago Press.）
森晃爾（2019）「健康経営の展開と課題」『生活福祉研究』通巻 97 号、明治安田総合研究所、4-19 ページ。
森永雄太（2019）『ウェルビーイング経営の考え方と進め方　健康経営の新展開』労働新聞社。
山口一男・樋口美雄編著（2008）『論争日本のワーク・ライフ・バランス』日本経済新聞出版社。
山本雅子（2016）「国内 ESG 投資の『過去』『現在』『未来』」『財界観測』2016 年秋号、4-23 ページ。
山本靖・内田亨（2017）「健康経営を実践してガバナンスの強化をはかる―労働環境と健康管理に向けた企業経営の関わりについて―」『新潟国際情報大学情報文化学部紀要』Vol.3, 106-116 ページ。
労働政策研究・研修機構（2016）「『労働時間管理と効率的な働き方に関する調査』結果および『労働時間や働き方のニーズに関する調査』結果－より効率的な働き方の実現に向けて、企業の雇用管理はどう変わろうとしているのか－」（調査シリーズ No.148）労働政策研究・研修機構。
労働調査会（2023）『安衛法便覧』
ロバート・H・ローゼン著、宗像恒次監訳、産能大学メンタル・マネジメント研究会訳（1994）『ヘルシー・カンパニー：人的資源の活用とストレス管理』産能大学出版部。（原著：Rosen, R. H.（1986）"Healthy Companies: A Human Resources Approach". New York: AMA.）
ロバート・ケーラム、千葉香代子（2011）「儲かる『健康経営』最前線」『Newsweek Japan』2011 年 3 月号、48-53 ページ。
渡辺峻（2010）「HRM 研究の観点からみたワーク・ライフ・バランス」『日本労働研究雑誌』No.599、労働政策研究・研修機構、32-40 ページ。

DeJoy, D.M., Wilson, M.G., Vandenberg, R.J., McGrath-Higgins, A.L., and Griffin-Blake, C.S.（2010）"Assessing the Impact of Health Work Organization Intervention," *Journal of Occupational and Organizational Psychology*, 83, pp.139-165.
Fabius, Raymond, R. Dixon Thayer, Doris L. Konicki, Charles M. Yarborough, Kent W. Peterson, Fikry Isaac, Ronald R. Loeppke, Barry S. Eisenberg and Marianne Dreger（2013）"The Link between Workforce Health and Safety and the Health of the Bottom Line," *Journal of Occupational and Environmental Medicine*, 55（9）, pp.993-1000.

Freeman, E. (1984) *Strategic Management: A Stakeholder Approach*, Pitman.

Gallup, Inc (2023) "State of the Global Workplace Report".

Goetzel, R.Z., and Ozminkowski, R.J.(2000) "Health and Productivity Management:Emerging Opportunities for Health Promotion Professionals for the 21st Century," *American Journal of Health Promotion*, 14, pp.211-214.

Henke, R.M., Goetzel, R.Z., McHugh, J., & Isaac, F. (2011) "Recent experience in health promotion at Johnson & Johnson: Lower health spending, strong return on investment". *Health Affairs*, 30(3), 490-499.

OECD "Average annual hours actually worked per worker" (https://stats.oecd.org/)

OECD Average Wages (indicator). (https://doi.org/10.1787/cc3e1387-en)

OECD (2021) "Balancing paid work, unpaid work and leisure"

Porter, M.E., and Krammer, M.R. (2011) "Creating Shared Value," *Harvard Business Review*, Jan-Feb, pp.2-17.

Seligman, M.E.P. (2011) Flourish: A Visionary New Understanding of Happiness and Well-being. New York, NY: Simon and Schuster.

Vargo, S.L., and Lusch, R.F. (2004) "Evolving to a new dominant logic for marketing," *Journal of Marketing*, 68(1), pp.1-17.

von Thiele Schwarz, U., Hasson, H. and Lindfors, P. (2014) "Effects of Workplace-based Physical Exercise Interventions on Cost Associated with Sickness Absence and on Productivity," in C. Biron, R.J. Burke, and C.L. Cooper, (eds.) *Creating Healthy Workplaces: Stress Reduction, Improved Well-being, and Organizational Effectiveness*, Farnham, UK: Gower Publishing.

英語略称一覧

AI：Artificial Intelligence

COPD：Chronic Obstructive Pulmonary Disease

CSR：Corporate Social Responsibility

CSV：Creating Shared Value

DBJ：Development Bank of Japan Incorporated

DX：Digital X-formation

GPIF：Government Pension Investment Fund

HRM：Human Resource Management

ILO：International Labour Organization

ISO：International Organization for Standardization

KPI：Key Performance Indicator

OECD：Organisation for Economic Co-operation and Development

PRI：Principles for Responsible Investment

RPA：Robotic Process Automation

SDL：Service Dominant Logic

SDSN：Sustainable Development Solutions Network

UWES：Utrecht Work Engagement Scale

WHO：World Health Organization

図・表一覧

【第 1 章】
図 1-1　健康経営研究会設立時の健康経営の考え方　15
図 1-2　健康経営の投資対効果　22

【第 2 章】
図 2-1　日本再興戦略で取り上げられた健康経営　29
図 2-2　日本健康会議「健康なまち・職場づくり宣言 2020」の内容　31
図 2-3　日本健康会議「健康づくりに取り組む 5 つの実行宣言 2025」の内容　31
図 2-4　未来投資戦略における健康経営の位置づけ　33
図 2-5　健康経営に係る顕彰制度の全体像　35
表 2-1　健康経営銘柄 2022 の選定および健康経営優良法人 2022（大規模法人部門）の認定要件　36
表 2-2　大規模法人による健康経営度調査への回答数の推移　37
表 2-3　健康経営優良法人 2022（中小規模法人部門）の認定要件　38
表 2-4　中小規模法人による申請数の推移　38
表 2-5　2021-2023 年度における健康経営銘柄選定企業　40
表 2-6　健康経営優良法人（認定数）の推移　41
図 2 補 -1　「健康づくりの好循環」について　47
図 2 補 -2　ヘルスケア通信簿の一例　48
図 2 補 -3　第 2 期広島支部データヘルス計画の内容　49
図 2 補 -4　広島県健康経営優良企業表彰制度について　51

【第 3 章】
図 3-1　「働き方改革」の主な内容　55
図 3-2　就業形態別年間総実労働時間および全労働者に占めるパートタイム労働者比率の推移　58
表 3-1　所定労働時間を超えて働く理由　59
図 3-3　働く人のストレスの内容　61
図 3-4　精神障害を理由とする労災請求件数の推移　62
図 3-5　精神障害を理由とする支給決定件数　63

図3-6	メンタルヘルス対策の実施割合	64
図3-7	メンタルヘルス対策の内容と実施割合	65
図3-8	ワーク・エンゲイジメント・スコアの国際比較	70
図3-9	主な国々の従業員エンゲージメントの割合	71
表3-2	人的資本の情報開示項目	74

【第4章】

図4-1	SCSK株式会社の就業規則に明記されている健康経営の理念（抜粋）	82
図4-2	Daigasグループ健康経営宣言の内容	87
図4-3	Daigasグループ行動指針"ヘルシー7"の具体的な取り組み	87
図4-4	花王グループの健康宣言の内容	90
図4-5	健康づくり推進体制の組織展開	91
図4-6	健康づくりマネジメントシステム	92
図4-7	特定医療法人財団博愛会の健康宣言の内容	101
図4-8	特定医療法人財団博愛会の健康経営の推進体制	102

【第5章】

図5-1	人的資源管理の諸機能	113
図5-2	人々の健康とワークライフ・インテグレーションの効果	119
表5-1	1948年～2023年の5年刻みでみる日本の出生数、合計特殊出生率	120
表5-2	65歳以上の高齢者のいる世帯の状況変化	122
図5-3	国民医療費の推移（1989年～2021年）	123
表5-3	年齢階級別の年間医療費（2019年）	124
図5-4	介護費の推移（2001年～2022年）	125
図5-5	要介護（要支援）認定者数の推移（2000年～2021年）	126

索　引

A
AI（人工知能）　33, 118

C
COPD（慢性閉塞性肺疾患）予防　48
CSR（企業の社会的責任）　5, 72, 73, 111
CSR 経営　5, 7, 72, 107, 110, 111, 131
CSR 報告書　6, 29, 72
CSR レポート　6, 72
CSV　84

D
DBJ（日本政策投資銀行）　28, 89, 103
DX（デジタルトランスフォーメーション）　99

E
ESG　73
ESG 投資　6, 73

H
Health and Productivity Management　20
Healthcare　20

I
ILO（国際労働機関）　66
ISO（国際標準化機構）　75

K
KPI（重要業績評価指標）　32

O
OECD（経済協力開発機構）　55, 56

P
PERMA　110, 111
PRI　73

R
RPA（ロボティック・プロセス・オートメーション）　98, 99

S
SDL　84

W
WHO（世界保健機関）　34, 66, 110

あ
アカウンタビリティ　72
アブセンティーイズム　67, 68, 88, 92, 103, 106, 129

い
一元的 CSR 論　5

う
ウェルビーイング　18, 23, 94, 102, 110, 111
ウェルビーイング経営　24, 82

か
介護費　2, 3, 28, 125

か

過労死　3, 58, 72
過労自殺　3, 58, 72
過労死等防止対策推進法　3, 58

き

企業社会　118
企業の社会的責任　15
協会けんぽ（全国健康保険協会）　7, 30, 32, 37, 43, 45, 46, 50, 94, 96, 98, 104

け

経済産業省　4, 29, 35, 37, 38, 44, 128
健康管理（＝ Healthcare）　3, 6, 10, 11, 13, 14, 15, 16, 18, 20, 25, 29, 33, 35, 37, 44, 112
健康経営（＝ Health and Productivity Management）　3, 4, 5, 6, 7, 10, 13, 14, 15, 16, 17, 18, 19, 20, 21, 22, 23, 28, 29, 30, 31, 32, 33, 34, 35, 36, 41, 42, 43, 44, 45, 48, 49, 50, 51, 54, 55, 62, 68, 72, 75, 77, 80, 81, 82, 83, 84, 85, 86, 88, 89, 91, 92, 93, 94, 95, 96, 97, 98, 99, 100, 101, 103, 104, 105, 106, 110, 111, 115, 118, 120, 124, 128, 129, 130
健康経営®　4, 14, 16, 25, 41, 128
健康経営銘柄　4, 5, 29, 33, 34, 35, 37, 38, 39, 44, 45, 81, 83, 85, 89, 93
健康経営優良法人　4, 5, 24, 33, 34, 35, 38, 39, 41, 44, 45, 100
健康経営優良法人大規模法人部門　29, 37, 39, 85, 89, 103
健康経営優良法人中小規模法人部門　37, 85, 95, 97, 104
健康経営優良法人認定制度　4, 34, 50, 107, 128
健康寿命　3, 29, 30, 32, 34, 44, 47, 128
健康保険組合　14, 30, 31, 84, 19, 91, 92

こ

合計特殊出生率　119
厚生労働省　2, 32, 34, 57, 58, 61, 62, 63, 64, 65, 69
高年齢者雇用安定法　122
幸福度　102, 112
高齢化　120, 125
高齢化率　2, 122
国民医療費　2, 3, 28, 123, 124
国連責任投資原則（PRI）　73
コラボヘルス　31, 32, 33, 46, 49, 85, 91
コンプライアンス　15, 72, 74, 75

さ

サステナビリティレポート　6, 72, 88
産業医　13, 14, 18, 25, 60, 91, 96
産業保健　5, 18, 60

し

持続可能開発ソリューションネットワーク（SDSN）　112
従業員エンゲージメント　4, 69, 70, 71, 72, 76, 88, 111
出生数　2, 119
少子化　4, 66, 115, 116, 119, 121, 122
少子高齢化　2, 28, 30, 66, 116, 124, 129
人的資源管理（HRM）　6, 7, 107, 112, 113, 115, 130, 131
人的資本経営　75, 76

す

スタンダードアンドプアーズ500株価指数　22
ステイクホルダー　5, 35, 73, 74, 75, 93, 102, 119
ストレス　3, 12, 41, 61, 62, 86, 87, 88
ストレスチェック　3, 20, 65, 88, 89, 92, 98, 104

せ

生産性　3, 4, 11, 15, 16, 17, 20, 21, 24, 32, 35, 42, 45, 54, 63, 66, 67, 68, 82, 97, 99, 102, 117, 120, 129

精神障害　3, 62, 63

性的マイノリティ　114

た

大規模法人部門　4, 35, 36, 39

ダイバーシティ・インクルージョン　114

ダイバーシティ経営　114

多元的 CSR 論　5

ち

中小規模法人部門　4, 30, 35, 36, 39

長時間労働　55, 56, 57, 58, 59, 60, 67, 76, 81, 97, 118, 121

て

データヘルス計画　29, 31, 46, 47

テレワーク　99, 118

と

東京証券取引所　29, 35, 38

投資　73

特定非営利活動法人健康経営研究会　4, 14, 25, 28, 128

な

内閣官房　74

内閣府　2

に

日本健康会議　30, 31

日本再興戦略　29, 31, 46, 73

ね

年間総実労働時間　56, 57, 58

年金積立金管理運用独立行政法人（GPIF）　73

年次有給休暇取得　81, 82, 94, 95, 96, 97, 103

は

ハイリスクアプローチ　18

働き方改革　3, 43, 54, 55, 56, 60, 68, 81, 82, 99

ふ

プレゼンティーイズム　19, 22, 67, 68, 88, 89, 92, 103, 106, 129

へ

平均寿命　32, 34, 122

平均賃金　55

ヘルスリテラシー　42, 91

ほ

ポジティブ心理学　110, 111

ポピュレーションアプローチ　18

み

未来投資戦略　32

め

メンタルヘルス　15, 61, 62, 63, 66, 76, 87, 93, 104

メンタルヘルスケア　13

メンタルヘルス対策　3, 63, 64, 65, 68, 88, 97, 105

メンタルヘルス不調　62, 63, 65, 67, 88

も

モチベーション　17, 22, 24, 45, 54, 63, 66, 104

ゆ

優良法人　81
ユトレヒト・ワーク・エンゲイジメント尺度（UWES）　69

よ

要介護（要支援）認定者数　125, 126

ろ

労働安全衛生法　18, 20, 50
労働災害　66
労働時間　56, 57, 58, 61, 82, 121
労働生産性　55, 56
労働損失日数　66

わ

ワーク・エンゲイジメント　4, 69, 72, 76, 88, 89, 92, 93, 103, 106, 111, 118, 129
ワークライフ・インテグレーション　115, 117, 118, 119
ワーク・ライフ・バランス　42, 87, 102, 103, 115, 116, 117, 118

■著者紹介

橋村　政哉（はしむら　まさや）

福岡県生まれ。
大学卒業後に経営学の理解をさらに深めようと大学院へ進学。2011 年、2012 年には明治大学経営学部助手を務めた。
2019 年広島国際大学医療経営学部医療経営学科特任助教、2024 年より同大学健康科学部医療経営学科講師就任。
2024 年現在、日本経営学会等の学会の会員であり、社会政策学会では学会誌『社会政策』の編集委員を務めている。

専門分野：経営学（とくに企業と社会の関係に大きな関心がある）、人的資源管理論
近年の研究テーマ：健康経営の実践と組織的成果の関係についての研究
　　　　　　　　　健康と生活の問題に関する経営、社会政策的研究

健康経営は職場にどのような効果をもたらすのか

2024 年 9 月 6 日 初版第 1 刷発行

著　者　　橋村 政哉
発行者　　池田 廣子
発行所　　株式会社現代図書
　　　　　〒252-0333　神奈川県相模原市南区東大沼 2-21-4
　　　　　TEL　042-765-6462　FAX　042-765-6465
　　　　　振替　00200-4-5262
　　　　　https://www.gendaitosho.co.jp/
発売元　　株式会社星雲社（共同出版社・流通責任出版社）
　　　　　〒112-0005　東京都文京区水道 1-3-30
　　　　　TEL　03-3868-3275　FAX　03-3868-6588
印刷・製本　株式会社丸井工文社

落丁・乱丁本はお取り替えいたします。本書の一部または全部について、無断で複写、複製することは著作権法上の例外を除き禁じられております。
©2024 Masaya Hashimura
ISBN978-4-434-34583-8　C3034
Printed in Japan